中国海洋大学建校100周年
OCEAN UNIVERSITY OF CHINA
100th ANNIVERSARY

行 远
东方红

策 划

王 毅

主 编

刘邦华

参编人员

吴 涛 左 伟 王小峰
袁 艺 曾 洁 杨宝起

中国海洋大学出版社
·青岛·

图书在版编目（ＣＩＰ）数据

行远东方红 / 刘邦华主编. — 青岛：中国海洋大学出版社，2024.7. -- ISBN 978-7-5670-3936-0

Ⅰ. U674.81

中国国家版本馆CIP数据核字第2024EA9576号

书　　名	行远东方红
	XINGYUAN DONGFANGHONG
出版发行	中国海洋大学出版社
社　　址	青岛市香港东路23号　　邮政编码　266071
出 版 人	刘文菁
策　　划	王　毅
网　　址	http://pub.ouc.edu.cn
订购电话	0532-82032573（传真）
责任编辑	张　华
照　　排	青岛光合时代传媒有限公司
印　　制	青岛海蓝印刷有限责任公司
版　　次	2024年7月第1版
印　　次	2024年7月第1次印刷
成品尺寸	185 mm × 260 mm
印　　张	15.75
印　　数	1～2500
字　　数	132千
定　　价	168.00元

如发现印装质量问题，请致电13335059885，由印刷厂负责调换。

前言
Preface

    1958 年 10 月，山东大学大部迁往省会济南后，为更好开发祖国的海洋资源及适应国防建设需要，以留在青岛的海洋系、水产系、地质系、生物系的海洋生物专业、物理系和化学系的部分教研组，以及数学、外语等直属教研组部分人员为基础，经中共中央批准，于 1959 年 3 月成立山东海洋学院，设置海洋水文气象系、海洋物理系、海洋化学系、海洋生物系和海洋地质地貌系五系九专业，并于 1960 年列为全国重点综合性大学，学校从此步入了特色发展的历史新阶段。

    山东海洋学院筹建过程中，"东方红"海洋实习调查船建造工作得到了国家科委、高教部等部委的大力支持同步推进，于 1965 年底建成交付。1979 年归建学校后，"东方红"船开始发挥海上流动实验室的作用，担负起教学实习和科研调查的职责。作为我国第一艘 2500 吨级海洋实习调查船，"东方红"船安全运行 30 年，为国家海洋科教事业发展作出了突出贡献。1992 年，3500 吨级海洋综合科考实习船"东方红 2"船启建，1995 年底交船。恰逢世纪之交，我国海洋科教事业迅猛发展，"东方红 2"船承担起繁重的海上教学与科研调查任务，培养了一大批海洋高层次人才，高质量完成一系列重大海洋科考项目，在此过程中不断加强投入和建设，管理水平大幅提升。2012 年，党的十八大作出了建设海洋强国的重大战略部署。面对新时代、新形势、新任务，中国海洋大学 5000 吨级新型深远海综合科学考察实习船"东方红 3"于 2015 年底启动建设，2019 年 5 月交船。"东方红 3"船以培养深海大洋创新型人才为首要任务，融深海大洋科学研究、高新技术研发应用为一体，设计、建造关键技术与全船技术指标达到国际先进水平。"东方红3"船是国内首艘、世界最大吨位的最高静音等级认证的新一代深远海综合科学考察实习船，是高端海洋人才培养和海洋强国建设的"国之重器"，建成入列后，有力提升了我国在国际海洋科教领域的话语权，为维护国家海洋权益、推动我国海洋事业发展提供了坚实的基础平台和重要的技术支撑。

光阴荏苒，从"东方红"船、"东方红2"船再到"东方红3"船，已走过了60年悠悠岁月。这是国家海洋科教事业跨越式发展的60年，是中国海洋大学从向海而立的国家重点大学，走上建设特色显著的世界一流大学道路的60年，也是"东方红"系列科考船风劲舵稳、不辍其航，为国家海洋事业发展扬帆击楫、探海巡洋的60年。60年的航程，汽笛声响彻万里海疆；60年的回望，看今朝扬帆深海大洋！

百川归海，足音铿锵；煌煌甲子，其芒未央！

中流击水，乘风破浪；击舷而歌，慨当以慷！

谨以此书献给中国海洋大学建校100周年！

编　者

2024 年 5 月

目录
Contents

启航
"东方红"海洋实习调查船

远航
"东方红2"海洋综合科考实习船

领航
"东方红3"新型深远海综合科学考察实习船

启航

"东方红"
海洋实习调查船

总长：86.84 米
设计吃水：4.40 米
设计航速：14.5 节
自持力：35 天

型宽：13.20 米
总吨位：2346 吨
续航力：7000 海里
定员：139 人

1

物理海洋学家、教育家　赫崇本

　　在创办海洋学院的过程中，高教部是大力支持的，（19）59 年国家科委和教育部决定给海洋学院建造一艘调查船。由于当时国内的造船厂对建造远洋船只的经验还不是很充分，而对建造远洋调查用的船只则更缺少经验，我们首先和设计单位合作，先由我们提出要求，设计单位再根据国际上已有的资料，提出初步设计方案，经过反复讨论修改，提交方案审查会议上进行讨论修改，审查会议所请的人士都是对调查船的要求和性能有一定了解的同志。这样的审查会开了不下五次之多，最后才把设计落实下来。船上很多设备和配件都需要安排工厂试制，甚至主机和副机都经过若干次的讨论才确定下来。经过数年的努力，终于（19）65 年底建成。调查船是海洋学院的生命线，高教部由经常费中节余出这项巨款建造这艘调查船，沪东造船厂也未按试制结算造价，所以在（19）65 年底结算时只付捌佰多万元，如按试制恐绝不止此数。

——赫崇本：《我的回忆》

　　1963年5月，我带应届毕业生去海上实习。我们乘坐的是"黄海一号"，吨位约600吨，地点是渤海莱州湾，海上观测至少要20天。学生要用观测的海水温度、盐度和海流资料，进行分析计算，写出毕业论文方能毕业。赫崇本先生是系主任，对学生要求极为严格……当时正是三年自然灾害最困难的时期，肉蛋限制自不必说，就是粮食，也是55%的面粉，40%的地瓜面，其余为米，这还是对出海特殊照顾才有的。听到这种优惠，开始时学生窃窃自喜，以为可以敞开肚皮吃饱饭了。哪知大风一来，翻江倒海，学生晕船，不用说甜甜的地瓜干是晕船大忌，就是白面馒头也难以下咽。那时天气也和学生作对，三日一小风，五日一大风，天摇水转，苦不堪言。

——侍茂崇:《浪里也风流——我的海洋历程》

1　20世纪50年代中期，文圣常等在小船上开展海浪研究
2　山东海洋学院学生在租用的船只上进行海洋实习

▪ 建造运行

　　1952 年 7 月，在山东大学海洋系筹建过程中，赫崇本多次提出要建一艘海洋调查船。

　　1959 年，在山东海洋学院筹建过程中，建造海洋实习调查船的设想逐渐成熟。在广州召开的全国海洋普查工作会议期间，赫崇本拜访国家科委副主任武衡，正式提出希望国家为学校建造一艘海洋调查船。

　　1959 年 10 月，学校呈文报山东省高等教育局、国家计委，申请为山东海洋学院添置一艘海洋实习调查船。

　　1960 年 1 月，国家计委批复：同意山东海洋学院建造海洋调查船一艘。

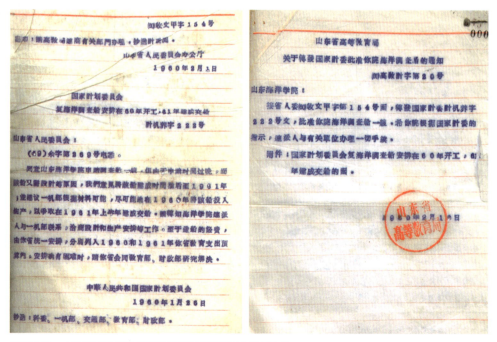

国家计委、山东省高教局关于建造海洋实习调查船的批复文件

建造中的"东方红"海洋实习调查船

1960 年 12 月，因国家建设计划调整，海洋实习调查船建造计划被搁置。学校人员专程赴京，多方奔走，促成实习调查船建造项目重新列入国家计划。

1961 年 10 月，海洋实习调查船第四次技术设计审查会上，最终确定设计方案：准三岛式船型，排水量 2350 吨、2600 马力。

1962 年 10 月，学校与沪东造船厂签订《船舶开工协议书》。

1962 年 11 月，学校成立造船工作组，常驻上海，负责海洋实习调查船的筹建工作。

1963 年 7 月，实习调查船定名为"东方红"船。

1963 年 11 月，"东方红"海洋实习调查船建造全面复工。

1964 年 3 月，学校从各系选拔抽调人员，成立海洋调查专业队。

1965 年 1 月，"东方红"海洋实习调查船下水。

1965 年 2 月，学校成立调查船领导小组。

1965 年 3 月，学校确定"东方红"海洋实习调查船按专业和任务设置海洋水文、海洋气象、卫星云图、水声学、海洋物理、海洋化学、海洋生物、海洋地质、航海地貌等 10 个实验室和 2 个预备实验室。

1965 年 6 月，"东方红"船开始系泊试验。

1965 年 10 月，"东方红"调查船实验专业人员（专业队）编制确定为 27 人（到岗 25 人）：队长王滋然；水文组组长喻祖祥、高慎月，组员匡国瑞；气象组组长刘龙太，组员王衍明、潘若琰、苏长荣、胡加松；化学组组长隋永年，组员李福荣、李继亮、郝思良、王思杰、颜景山、王希锡；物理组组长郭田霖，组员孙曰彦、王宝升、魏世雄；生物组组长姜学泽，组员柴心玉、纪绪良；地质组组长徐家振，组员吴铭先。

1965 年 10 月，"东方红"船工厂试航。

1965 年 11 月，"东方红"船重载试航。

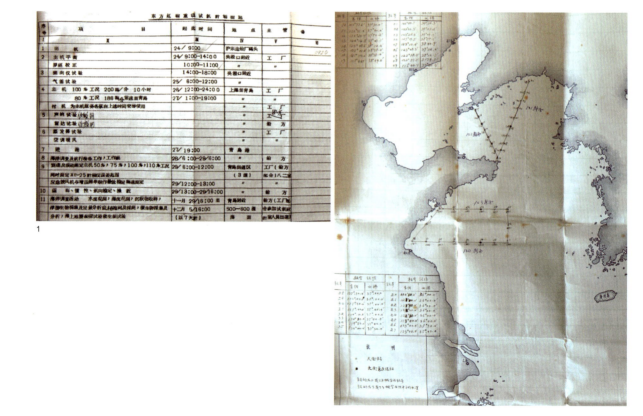

1 1965 年 11 月 "东方红"船重载试航计划及站位图

2 试航中的"东方红"船

3 试航期间布放验潮仪

2

3

1

2

3

4

1965 年 12 月 28 日，"东方红"海洋实习调查船交船。山东海洋学院副院长侯连三与船厂厂长分别在交接书上签字。至此，"东方红"海洋实习调查船建造工作全部结束。交接书称：山东海洋学院委托沪东造船厂建造之"东方红"海洋实习调查船于 1965 年竣工，经山东海洋学院驻厂工作组及船舶检验局上海办事处检验，认为建造质量与技术性能符合设计及规范要求，同意验收。

1 地质实验室工作人员在试航期间采样
2 生物实验室在对拖网作业获取的生物样品进行分类
3 物理实验室工作人员在进行观测
4 化学实验室工作人员分析海水样品
5 "东方红"船交接证书及吨位证书

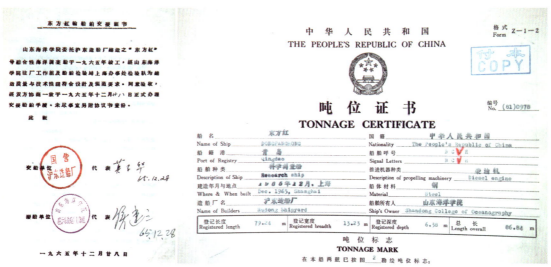

1

1966年1月11日，"东方红"海洋实习调查船启程回青。次日晨抵青。

1966年2月，"东方红"海洋实习调查船交国家海洋局北海分局并编入第一调查船大队。

1966年5月，"东方红"船首航开始执行海洋实习调查任务。

1978年12月，山东海洋学院改变归属交接工作会议举行。会上经协商达成一致意见，"东方红"船移交山东海洋学院。1979年11月，移交工作全面结束。

1979年1月，"东方红"船回归学校建制后，船上实验室、附属设备及修理工作交由海洋调查研究室负责，专业队解散。

1980年2月，学校与上海沪东造船厂签订"东方红"船修船协议。3月，"东方红"船中修改装工作启动。1981年5月，中修完成。

1984年7月，学校老领导曲相升、高云昌、许亮、侯连三、马秉伦、华山等参观考察"东方红"船。

1 "东方红"船抵达青岛

2 1980 年 6 月，教育部部长蒋南翔（右一）考察"东方红"船

3 1984 年 7 月，学校老领导考察"东方红"海洋实习调查船

1 "东方红"船驾驶台

2 "东方红"船船员在机舱值班

3 部分"东方红"船工作人员与退役后的调查船合影

1996年1月，"东方红"船所有权注销登记。

1996年1月31日，安全运行30年后，"东方红"船退役。

3

　　"东方红"海洋实习调查船 1965 年 12 月投入使用，1996 年 1 月完成历史使命，安全运行 30 年。期间，"东方红"船除完成学校教学和科研任务外，先后承担了来自国防科工委、国家科委、国家海洋局和地方有关部门下达的几十项重大海洋研究课题以及兄弟院校的海上教学实习任务，参与了多次重大国际海洋合作考察，为我国海洋科教事业作出了重大贡献，在国际海洋科技界也产生了一定的影响。

1996 年，退役的"东方红"海洋实习调查船与"东方红 2"
海洋综合科考实习船停靠在青岛码头

■ 教学实习

海洋学教学实习是学校教学工作的重要内容，也是"东方红"海洋实习调查船所担负的重要使命。20世纪六七十年代，"东方红"海洋实习调查船的工作受到严重影响。1979年"东方红"船归建山东海洋学院后，各项工作恢复正常，开始按照教学计划，承担起全校学生海洋学教学实习任务。据统计，自1981年起到1996年1月退役，15年间，"东方红"船共完成海上教学实习任务115航次，6500余名师生参加，实习项目包括海洋水文、海洋气象、海洋物理、海洋化学、海洋地质、海洋生物、海洋工程等多个领域。在此期间，"东方红"船还承担了兄弟高校766名师生的海上教学实习任务。执行任务中，"东方红"船全体工作人员以过硬的作风和高质量的工作受到广大师生的赞扬。

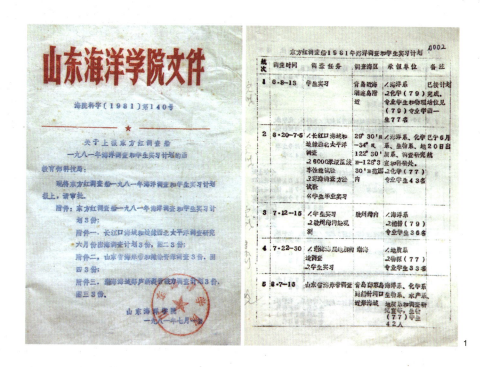

2

1 "东方红"船 1981 年海洋调查和教学实习计划
2 学生在"东方红"船上实习

难忘的远航

王荣华

6月21日，我院的"东方红"调查船，满载着参加西北太平洋边缘海区综合调查任务的师生，离开胶州湾，破浪向东驶去。我们化学系四年级同学参加了这次调查，连续半个月的海上生活，使我们永生难忘。

远航之前

出海的消息一传开，同学们非常高兴。我们虽是四年级学生，但还是第一次出海实习。这次实习的内容除海洋学、海洋化学和海水化学调查三个部分，还有教育部给我院下达的任务。为保证调查结果的准确性，决定先在胶州湾内的浅水地区让同学们熟悉各种实验。胶州湾的风浪虽然不大，但由于同学们初次上船，仍出现了晕船现象。针对这些情况，老师们深入做思想工作，讲这次调查的重大意义，并把今天我们调查的优越条件和50年代相比较：1959年，我国开展第一次海岸带普查时，老师和同学都是坐着木渔船，船上缺乏淡水，没有炉灶，饿了啃干粮，渴了喝凉水，睡在鱼舱里。但是，就是在那种困难条件下，大家仍然完成了普查任务。今天，我们坐着设备先进的调查船，和过去相比，晕船这点困难算不了什么。

团结战斗

经过一天航行，22日下午，到达预定站位。这时水文、气象、化学、地质、生物各个项目开始进行调查。前后甲板采水样、泥样的绞车紧张转动，电导温度计送进海中，测水温和海流观测气象的气球腾空而起，飞向蔚蓝的高空。实验室内，老师和同学们不顾船的颠簸进行认真的分析工作，全船一派繁忙景象。

6月24日，海上刮起了七级风，海面上大浪如山，船摇摆得很厉害，大部分人晕船严重。张宛嘉同学几乎三天没吃饭，仍然坚守岗位。采水的同学，腰系安全带，站在甲板上，不畏风浪，采取水样。孙老师50多岁了，又患有哮喘病，但仍然坚持指导同学们实验，处理大量的数据。

6月27日进行断面连续观测。连续观测要定点观测25小时，取得一天中海

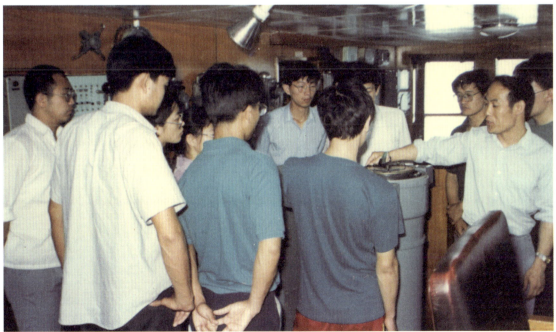

船上授课

洋变化的连续性资料，因此观测次数多，工作量大。老天好像故意要考验我们似的，从凌晨 3 点钟开始，倾盆大雨下个不停，采水、测流的同学和老师冒雨坚持工作，圆满完成了观测任务。

困难面前，同学们互相帮助，晕船症状轻的同学，除做好自己的实验外，还帮助其他晕船的同学做实验，照顾他们的生活。炊事班的师傅精心做饭菜，尽力让大家吃得好一些，并且不怕麻烦，专门为生病的同学做病号饭。船长、政委及船员同志有时帮助修理绞车，有时还帮助同学工作。

…………

丰富的生活

不到海上，领略不到大海的美妙。茫茫世界，水天相连，船过之后，蓝色的海面上留下银色般的长带。站在甲板上，可以不时看到成群的飞鱼比翼齐飞，天空中海鸥展翅翱翔，这时，深感大海的可爱，激发我们为祖国海洋事业而献身的斗志。夜晚，月亮在海上跳动。探照灯光下，可见鱼、虾、螃蟹在船边愉快地浮游，好像在欢迎我们。船航行于惊涛骇浪中，情景更加壮观。

6 月 28 日，结束断面调查后，来到舟山群岛的绿化山。出海一个多星期来，这是第一次见到岛屿，大家对小岛感到非常亲切，真想一下子游上去。晚上，全体师生和船员举行了联欢会，优美的音乐和歌声消除了远航的疲劳。

自 6 月 21 日出海到 7 月 5 日返航，经过半个月的奋战，我们圆满完成了调查任务。这次调查进行了六个断面，外加一个深水站，共 41 个站位的调查，获得了宝贵的调查资料。同学们经过这次锻炼，掌握了海上调查的不少环节，为今后海上工作初步打下了基础。让我们沿着开发海洋、利用海洋的航向继续前进吧！

原载于 1981 年 9 月 12 日《山东海洋学院报》

实习归来话"收获"

秦慧聪

　　为期一周的"海洋学"实习总算结束了。返校那天，有人问我："这次实习，你最大的收获是什么？"坦率地说，我应该回答："我终于尝到了'晕船'的滋味，也因此认识到加强体育锻炼是何等重要！"

　　这话从何说起？

　　漫步在金色的沙滩上，眺望那一望无际的大海，映入眼帘的湛蓝湛蓝的海水，往往使人心旷神怡；汹涌澎湃的波涛，更能给人一种蓬勃向上的力量。我无时不为大海这种瑰丽多姿的景色和宏大无比的气魄所吸引。就这样，"东方红"船载着我对大海的无限敬畏和向往徐徐驶离了码头。

　　俗话说，海上无风三尺浪。这话实是不假。虽是天高气爽，风和日丽，可船老是一个劲儿左摆右晃，离港不到 15 分钟，我就觉得脑袋晕乎乎的，继之是胸

实习学生在实验室分析样品

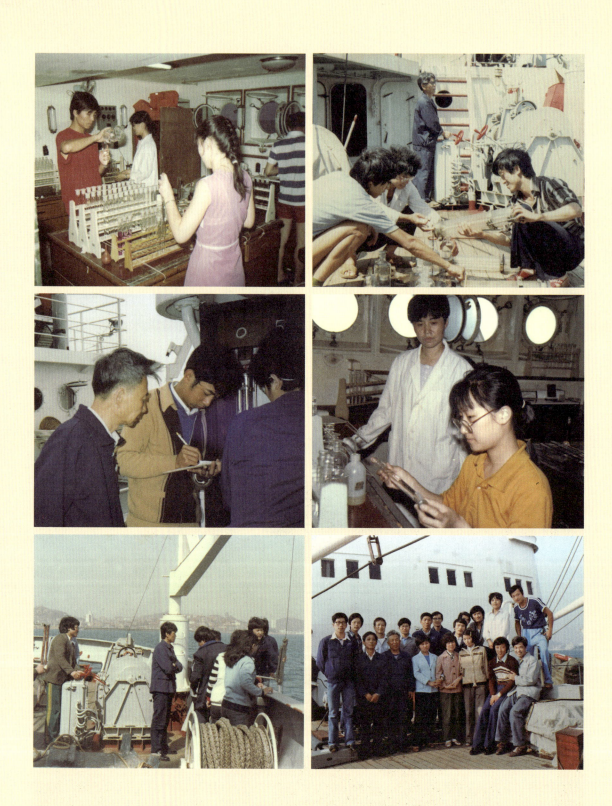

"东方红"船实习组图

口发闷，等船驶到大公岛附近，我竟忍不住"哇哇"大吐起来，其难受劲儿实在无法形容。幸亏船不久就掉头往回开了，但即便如此，我仍然一连好几天吃不好饭，睡不好觉，做实验也常常力不从心，叫苦连天。美丽的大海如此与人作难，实在使我无法理解"是大海无情还是我自己……"，我思忖着。

其实，这次实习，船根本没有驶出胶州湾，而且大部分时间都停泊在栈桥附近的海面上。说来惭愧，我竟深受"晕船"之苦，不仅人瘦了好几斤，更难过的是未能出色完成实习任务。归根结底，还是因为自己平时对体育锻炼重视不够，特别是未能针对"晕船"问题做一番有计划的锻炼。因此，当时望洋兴叹、怨天尤人也不足为奇了。

值得欣慰的是，通过这几天的海上实习，我终于认识到加强体育锻炼、闯过"晕船"这一关的重要性，吃一堑，终于长了一智。今后，我将积极参加体育活动，力争有强健的体魄，以适应海上特殊工作的需要。

众所周知，海洋科技工作者无论如何也离不开海洋。大海就是一个巨大的实验室，它能供给我们取之不尽、用之不竭的原料，我们只有奋不顾身地投入它的怀抱，才能获得珍贵的第一手资料，为科研、教学、生产打下坚实的基础。倘若离开了海洋而去"纸上谈兵"，岂不成了笑话！这就迫切需要我们闯过"晕船"这一关，只有这样，才能提高工作效率，成功地进行实验操作。因此，每一个立志献身祖国海洋事业的有识之士，决不能对"晕船"问题掉以轻心，特别是至今仍未上过船的同学，更应加紧进行体育锻炼，努力提高身体素质，做到有备无患，免得到时候措手不及。

当然，适应海上生活需要有一个过程。如果我们能练就强健的体魄，并勇于向大海挑战，就能驰骋在宽阔的洋面上，得心应手地去做我们需要做的工作。

亲爱的同学，你能从我的亲身体验中获得一些有益的启示吗？

原载于 1985 年 7 月 18 日《山东海洋学院报》

1 2

船上联欢会

郭海波

　　6月11日晚上，停泊在胶州湾的"东方红"船上，笑声朗朗，歌声飘荡，前甲板上聚集了教师、学生和船上工作人员共100多人，欢度海洋学实习的最后一个晚上。这次海洋学实习，捕捞专业三年级和物理系二年级60多名同学在船上度过了五个日日夜夜，他们尝到了海上生活的苦和乐，也领略了老师的爱和船员的关怀，他们战胜了晕船，圆满地完成了学习任务。在结束海上实习生活的前一天晚上，他们邀请船员们和他们联欢，来表达他们对大海的留恋和对船上全体人员的感谢。同学们表演了独唱、小合唱、诗朗诵等节目，船员们也放开歌喉，为大家演唱。捕捞专业三年级的谜语小组把船上的部件及航海术语编成谜语，穿插在各个节目之间，博得了阵阵喝彩声。物理系同学即兴作诗，加上感情充沛的朗诵，赢得了阵阵掌声，欢声笑语在胶州湾里飘荡。

原载于 1984 年 6 月 23 日《山东海洋学院报》

3

1　实习师生帮厨

2　学打太极拳

3　实习师生合影

■海洋科考

　　海洋科学考察是人类认识海洋、开发海洋、保护海洋的重要途径，海洋科学调查船则是开展海洋科考的重要平台之一。作为我国自主设计建造的第一艘2500吨级海洋实习调查船，从1981年到1996年，"东方红"船共完成海洋调查任务61次，出海1561天，为开展海洋科学研究提供了大量现场观测数据和样品，为我国海洋事业的发展作出了突出的贡献。

"东方红"船海上调查

顶风破浪永向前

海船

  去年 5 月，我院"东方红"海洋实习调查船经中修后，又重新航行在海洋上。到年底，先后完成三次远洋和四次近海科学调查任务，航程 12000 多海里，为教学实习和海洋科学调查作出了成绩。

抢在大风到来前

  12 月 25 日晨，在琉球海域的洋面上，风平浪静，碧波万顷。"东方红"船上的 130 多名船员和师生，正在紧张地进行水文、气象、海洋地质、海洋生物、海洋化学等方面的综合调查。然而，深冬的大洋，平静往往是短暂的。傍晚，气候室报告，未来 48 个小时将有西北大风到来。去上海避风，风停再返回观测点，不仅浪费时间，还要耗费大量燃料；若去新的观测点，风到势必带来风险，怎么办？船领导毅然决定，抓紧时间，顶着风浪插入新断面，抢在大风到来前，多测几个观测点。为此，船员和师生进行了紧张的战斗：为克服航行中船多、网多的困难，保证全速航行安全，船长在驾驶室一天一夜没合眼，把每个观测点的观测时间由两个半小时缩短到一个半小时。匡国瑞、刘安国等教师克服晕船的困难连续顶班；为获得准确可靠的资料，刚毕业留校的台维涛发着高烧，仍坚持在甲板上投放测温、采水器。由于大家同心协力，大风到来前终于完成了五个观测点的调查任务，获得了一批珍贵资料。

抢修主机不畏难

  年底，"东方红"船上的师生正在西北太平洋边缘海区进行海洋调查，后风浪渐起，船在去避风港避风途中，九级狂风卷着巨浪猛烈地袭来。突然，主机发生故障，若不及时抢修，船有被巨大浪涛吞没的危险。在这危急时刻，船长下令要在风浪中抛锚抢修。此时船已摇晃到 40 多度，海水猛烈地冲击着甲板，排空的巨浪，不时地直冲几层楼高的驾驶室。在轮机长和各管轮的带领下，13 名轮机人员投入了紧张的战斗。担任抛锚任务的水手长王安京，带领几名水手，顶着狂风巨浪冲出舱外。但几次前进都被风浪打倒，他们最终干脆在甲板上爬行前进，

1

终于艰难地操纵机器将锚抛入浪涛中，保证了抢修任务的顺利完成。

工作第一

在"东方红"船的试航和多次出海调查中，有一位年已半百，经常活跃在海洋调查第一线的女同志，她就是科研科科长刁传芳同志。老刁同志克服了不少困难，在出海的过程中不仅承担了海洋调查的组织领导工作，还热情地照顾晕船的师生，并且亲自顶班，进行化学分析和其他组的工作，被大家称为"坚强的女指导员"。

原载于 1982 年 3 月 6 日《山东海洋学院报》

2

1　"东方红"船海上调查组图
2　调查人员采集海洋生物样品
3　调查人员在实验室分析样品

3

出海随笔

侯国本

　　1984 年秋，我随"东方红"调查船去黄河口调查五号桩油港港址。10 月 4 日上午上船。我在上下甲板上走了一周，感到"东方红"有许多变化：走廊、甲板、机舱、宿舍都整洁，有条理；驾驶室、绞车、吊车、救护设备、学生实习的操作台安全可靠。1965 年，我上过此船，感到"新而空"，70 年代也上过此船，总觉得不像做研究的船只，然而现在给我的印象与过去大不一样。

　　10 月 5 日晨，船过山东半岛的尖端——成山头，旭日东升，照耀着一个巨大的潮能基地，总有一天会发出光芒。中午船过长山列岛，左顾蓬莱阁，右瞻旅大（旅顺、大连）市，渤海、黄海从此分界。晚 6 时，平稳地停泊于五号桩海区，以待布置工作。当天行程 24 小时，经过六级的风浪，船体略有摆摇，但总体适度，

科研人员在调查船上讨论海洋仪器研制方案

全体师生都平安，食住照常，学生带有乐器、扑克，船上设弹子台桌，大家都观山观水，娱乐玩牌，一派欢快景象。

船上的领导和同志们，非常关心上船师生的伙食，鸡、蟹、肉、肠、面条、包子天天变换，特别对于到渔船上测流工作的同志，在伙食上给予更多的照顾。当"东方红"漂泊在海洋中，受到寒风侵袭，波涛冲击，船体摇摆时，在船上工作的同志和上船的师生，融如一家、亲如手足，相互照顾支持，甚感亲切。

10月12日中午。陈船长等领导同志告诉我，现在的流速方向与即将来的八级风向成正交，船体将受横浪的袭击，叫我注意。蒲大夫给我量了血压，我也做好了准备，迎接4米波浪的打击。下午2时船体横摇30度，墙壁上的热水瓶抛在地板上打得粉碎，台灯从书桌上滚下来，书架上的资料书籍全部飞落在地板上，饭碗、水样瓶子在地上乱滚。我只好紧握床背的扶手一动也不敢动。眼看各种乱杂现象，任其摇摆，同时听到室外闹水灾。船长、大副、政委的声音不绝于耳，指挥若定，一会儿水灾解除了，船摇摆了一夜。13日晨，船长及各位领导都来问候关心，幸好我的身体没有发生异常现象。几年来，我经常参加校外活动，所到之处都受到热情的接待和尊重，但没有像在"东方红"船上过得这样愉快。

船上领导经常谈到侍茂崇老师，几十年如一日，奋战在长江口、石臼港、黄河口，为国家作出贡献。在侍老师的带领下有许多学生参加了海上实习，锻炼了一批海洋观测队伍。简单的几句谈话使我感到，调查船的领导同志不仅关心船上的全体工作人员，关心出海的教师、同学，也关心学校的成长。

夜晚，看到几只小船停泊在"东方红"船附近，桅顶上一盏电灯闪烁发光……我漫步甲板，仰观星斗……真为"东方红"调查船而骄傲。

"第三次浪潮"拍击着我国的东海岸，14个港口城市开放，标志着大趋势要发展港口城市海岸工业。在开发海洋的时代中，"东方红"调查船，能为国家作出更多的贡献，为我院培养更多的海洋开发专家。

原载于 1985 年 1 月 26 日《山东海洋学院报》

台湾海峡考查者之歌

李福荣

青岛港——起锚，驶向台湾海峡

1987 年 11 月 22 日，肩负着国家教委重托的"东方红"调查船，徐徐驶离青岛港，启程前往台湾海峡配合厦门大学完成国家"七五"攻关项目的调查任务。

"我们'东方红'调查船去台湾海峡执行调查任务，这是建校以来的第一次，船上实验室对外开放也是第一次。你们是开拓者，责任重大，艰巨光荣。"校领导的话激励着每一位同志。"东方红"船载着一颗颗怀有必胜信念的心出征了！茫茫沧海，一叶"扁舟"。然而，我们并不孤独，因为祖国、海大与我们同在，理想与我们同在。

台湾海峡——难忘的 32 小时

"东方红"船一到厦门，就受到厦大领导及海洋系师生的热烈欢迎和盛情接待。现在，海大、厦大这两所兄弟院校就要携手前进、共同征服台湾海峡了。

但是，要想征服台湾海峡的确不是一件易事。船一离开厦门港，往日平静的海面消失了，风声呼呼、波浪翻滚，"东方红"船开始剧烈摇晃起来。

"东方红"破浪前进！

10 级大风怒吼着！顿时，天一下子暗下来，巨浪像冲锋的巨阵，步步逼近，大浪像棉花一样被狂风撕成絮沫，"东方红"船就像一枚树叶在波峰浪谷中漂浮。此时，风浪冲击力已超过了船的抗风性能，舵失灵，主机推进器打空车。

有 30 多年航海经验的刘船长从未见过这么大的风、这么大的浪，船再前进便十分危险。

"抛锚，抗风！"船长下达了命令。

"脱锚有 4.6 海里！"抛锚十几小时后，航海部门送来了观测报告。

"抛双锚！"刘船长毅然作出了决断。这是"东方红"船出厂 20 多年来第一次抛双锚。刘船长和袁政委为了船舶和大家的安全已一昼夜没有合眼；轮机部门和甲板部门在邹光林轮机长和蒋六甲大副的带领下，同恶浪搏斗着；苑大副用

1987年，科研人员在"东方红"船上进行自研海流计海试

扩音器唱起了高昂的歌，鼓励大家同风浪作斗争；实验部门人员同厦大老师一起，为保护仪器，同风浪在顽强地搏斗着；报务、伙房、医生也全力以赴，与大家同舟共济。现在船与浪、人与风、生与死交织在一起，全船41名厦大师生和61名船员的生命系于船长一身，为了生命财产的安全，船长不得不下达返航的命令。波浪滔天的台湾海峡，要想征服它可真不容易啊！

观测站——今日不拼，何时搏

冬季，台湾海峡长时间刮着七级以上的东北季风，风大，流急，浪高，持续时间长，给海洋调查工作带来很大的困难。根据气象预报及时抓住出海时机便显得十分重要。"东方红"船经过几天准备后，在一次寒风过后，再次出航了。

一到湄洲湾口的定点连续观测站，考察队员们争时间、抢速度，密切配合，经过一昼夜的苦战，顺利进行了水文、化学、气象、生物、地质和CTD观测。

一风刚平，一风又起。在海峡内第二个连续观测站工作时，大风来了，好家伙，风力又是八九级！海面黑黝黝的一片，狂风卷着巨浪，一个接着一个，铺天盖地般向"东方红"船扑来，同风浪的又一场较量开始了！

今日不拼，何时搏！大家决心已下，一定要拿下这个至关重要的观测站。

　　轮机部门人员面对舱内 38℃的高温坚持奋战；驾驶员们坚守岗位，密切注视着船舶的动向；明知抛锚、起锚十分危险，只要船长一声令下，水手长就会一马当先带领水手们冲向前；实验部门的同志冒着被风浪吞没的危险，进行甲板水文采水和生物、地质取样，施放海流计及进行气象观测；伙房的同志，一日三餐，在为大家做着可口的饭菜；蒲医生和应大夫，为大家日夜操心……

　　经过六天的昼夜奋战，终于完成了北线调查任务，取得了大风大浪情况下温度、海流、盐度、溶解氧、pH、总碱度及气象、生物等多项第一手资料。

南下——夺取全面胜利

　　这次调查的特点是项目多、单位多、人员多。到台湾海峡南部，也是第一次，海区新，情况不明。但这一次我们有了许多有利条件，一是我们完成了北线调查后，对夺取大风情况下的观测资料更有信心，二是我们从美国进口的 CTD 仪器，经过有关人员的努力，终于得到了修复，可以在南线调查中发挥作用了。由于各部门准备充分，配合默契，这一航次，干得很漂亮。一到观测站，大家针对台湾海峡天气易变的特点，就抓紧时间进行观测，真是分秒必争啊，就这样，仅用了六天时间，五个断面、11 个大面站的南线调查全部完成，取得了水文、化学、生物、气象、地质近二十几项的观测资料和样品，取得了完整的 CTD 资料。在台湾海峡最南部最后一个深水站，CTD 施放深度突破了 1500 米大关。

　　台湾海峡两个航次的调查结束了。这是全船同志顽强拼搏的结果，是大家团结协作的胜利……胜利，属于那些勇敢的开拓者！

原载于 1988 年 3 月 19 日《青岛海洋大学报》

对外交流

　　改革开放后，学校的对外交流日趋活跃，领域逐步拓展，合作更加深入。从山东海洋学院初期的只接受少量外国留学生，到与越来越多的国家开展人员互访和学术交流，由于学校在海洋研究领域不断积累的学术影响力，与国外科研机构和大学的联合海洋调查也多学科、多层次地快速发展起来，在这个过程中，"东方红"海洋实习调查船发挥了举足轻重的作用。从 1985 年开始，"东方红"船先后执行了与美国、加拿大、法国、日本等国家科研机构合作的联合海洋调查共七个航次；先后四次赴日本友好访问并开展海上考察。

1983 年 10 月，中国海洋科学友好访问团搭乘"东方红"船，赴日本进行友好访问并开展海洋调查

1

2

3

1　1987 年 5 月，"东方红"船访问日本并执行中日联合海洋调查
2　1985 年，澳大利亚海洋研究所客人参观"东方红"船
3　中外联合调查作业组图

远航

"东方红 2"
海洋综合科考实习船

船长：96 米

设计吃水：5.5 米

总吨位：3235 吨

续航力：13000 海里

定员：196 人

型宽：15 米

经济航速：12 节

自持力：60 天

实验室：

水文实验室、CTD 室、ADCP 室、气象室、化学实验室、生物实验室、
仪器演示与展示室、中心计算机室、遥感室、重力仪室、通用实验室 1、
通用实验室 2、同位素室等

▪ 建造运行

1988 年 3 月，船舶管理处成立筹备小组。

1989 年 10 月，学校呈文《关于建造第二艘海洋实习调查船的申请》报国家教委。

1991 年 3 月，学校呈文报国家教委，提出"八五"期间新建海洋实习调查船项目建议，对船舶设计要求、主要性能参数、造价和工作安排建议进行汇报。

1991 年 5 月，国家教委批复，同意学校所提新建海洋实习调查船设计方案。17 日，学校召开由厦门大学、同济大学、河海大学、南京大学、南开大学、华东师范大学等高校参加的座谈会，讨论新建实习调查船设计技术要求。会议纪要上报国家教委。

1991 年 11 月，新建综合性海洋实习调查船方案论证会召开。

1992 年 1 月，《新建海洋实习调查船方案设计任务书》获国家教委批准。

1992 年 7 月，国家教委批复《青岛海洋大学新建海洋实习调查船可行性研究报告》。

1992 年 8 月，新建海洋实习调查船方案设计审查会召开。

1　1992 年 7 月，国家教委的批复文件
2　1992 年 8 月，新建海洋实习调查船方案设计审查会召开

国家教育委员会文件

教计〔1992〕151号

关于青岛海洋大学新建海洋实习调查船
可行性研究报告的批复

青岛海洋大学：

你校关于新建综合性海洋实习调查船可行性研究报告及有关文件资料均悉，经研究，现批复如下：

一、根据国家船检局青岛分局对你校现"东方红号"海洋实习调查船的检验报告，该船已达使用年限，属老龄退役船只，目前只能维持使用。为尽快解决替代船只问题，以确保学校进行海上教学科研等工作的需要，并为今后日益发展的海洋科学调查提供先进手段，同意你校近期再新建一艘海洋实习调查船。

二、新建的调查船应是开放性的海上教学和科研实践基地。其主要任务是：为你校和其它设有海洋学科和专业的高校提供进行海上调查和教学实习的场所，承担陆架海

域和世界大洋的水文、地质、生物、理化、地球物理等海洋科学多学科的综合观测与系统研究（以基础研究为主），适当配合产业部门为开发利用海洋资源提供理论和技术依据，以及承担全球性海洋研究的国际合作项目等。

三、新建的调查船应具有科学、先进、实用、经济、安全等特点，并符合国情。其设计方案（包括船级、船型、航区航速、排水量、续航力等主要技术性能指标）应参照国家现行规定和规范，结合各学校进行海上教学科研的实际需要，在组织有关专家充分研究论证的基础上确定。

四、新船的建造总费用控制在6,000万元以内（其中调查实验仪器设备费1500万元），分年进行安排。你校要积极配合设计和施工单位，共同协调好船的建造实量和二期，并在"八五"期间建成使用。

五、新船建成后，现"东方红"号调查船的利用问题另行研究。

请据此进行设计等前期工作。

国家教育委员会
一九九二年七月十五日

主题词：实习 船舶 青岛海洋大学 报告 批复
抄　送：国家计委 财政部 建行青岛市分行

1

1992 年 12 月，学校就建造实习调查船事宜同中华造船厂签订备忘录。

1993 年 4 月，学校与上海中华造船厂签订新建海洋实习调查船建造合同。

1993 年 6 月，学校成立新建实习调查船筹建领导小组。

1994 年 8 月，调查船在上海中华造船厂正式投料开工。

1994 年 10 月，调查船驻厂监造组成立，负责施工设计图纸审查和监造工作。

1995 年 2 月，新建综合性海洋实习调查船定名"东方红 2"。

1 驻厂监造组合影
2 建造中的"东方红 2"海洋综合科考实习船

2

1995 年 7 月 15 日，"东方红 2"船下水。

1995 年 9 月，"东方红 2"船开始系泊试验。

1995 年 11 月，"东方红 2"船试航。

1995 年 12 月 28 日，"东方红 2"船交付。

1

2

1　学校领导与驻厂监造组合影
2　"东方红 2"船下水仪式现场
3　1995 年 7 月 15 日，"东方红 2"船下水

1

1996 年 1 月 8 日，"东方红 2" 船离开上海码头返青。

1996 年 1 月 9 日，"东方红 2" 船到达青岛，停靠大港码头。

1996 年 1 月 10 日，"211 工程" 部门预审专家组登船进行预审检查。

1996 年 1 月 15 日，"东方红 2" 海洋综合科考实习船建成典礼举行。

2

1　1996 年 1 月 10 日，"211 工程"部门预审专家组登上"东方红 2"船进行预审检查

2　1996 年 7 月 23 日，国家教委主任朱开轩考察"东方红 2"船

3　航行在青岛前海的"东方红 2"船

3

船舶安全是确保"东方红2"船安全航行并完成教学实习和调查任务的重要基础。2003年，参照国际海事组织的强制性管理规则，学校制定并实施《中国海洋大学船舶中心安全管理体系》，从船舶中心的机构设置与职能、人员职责、船岸工作程序和设备操作等方面作了全面系统的规定，内容涵盖船舶安全管理与运行的各个方面，为船舶在航行、科研调查、教学实习、停泊等各种情况下的人员、船舶和设备安全提供坚实保障。

2003年12月，船舶动态管理系统开通运行。系统实现了对海上航行与作业船舶的全天候、全海域、24小时实时动态监控与岸基支持，有助于保证船舶海上航行与作业的安全，提升了"东方红2"船海上科研支撑平台的功能。

"东方红2"船团队是一个讲团结、讲奉献的集体，也是"东方红2"船一次次安全、圆满地完成各项任务的关键。这支队伍在大风大浪中反复得到检验和锤炼，在执行各种任务过程中表现出特别能吃苦、特别能战斗、特别能奉献、特别能钻研的精神，鼓舞并激励着一代代"东方红人"在探索海洋的航路上继续行稳致远！

2

1 《中国海洋大学船舶中心安全管理体系》集中培训

2 调查船日常运行组图

安全航行 周到服务

姜恩友

在我校"东方红2"海洋调查船首次远航中，我们全船41名工作人员承担着保障航行安全以及提供周到的工作和生活服务的任务。自10月25日接到国家教委批准出访的文件以来，在学校和船舶处的领导下，经过50多天的努力，12月12日船回到青岛港，胜利完成了各项远航服务任务。

本次远航，乘船人员多，各项任务重，工作要求标准高。为保证顺利完成各项任务，船舶处领导亲临船上动员并布置工作，使船上工作人员充分认识到完成这次任务的重要性，船上多次召开干部会，提出了"服从上级，服从大局，尽一切努力把各项工作做好"的要求，分轻重缓急，逐项落实。

准备工作首先是检查船上各种设备和整理船上卫生及油漆船体。由于船处在试运行阶段，各种设备还没有进入正常状态，缺少配件，有的部分安装不规范、有的部件质量差等问题不断暴露，如冷库因冷冻机出现故障，如不及早排除，这么多人出海的食物供应就无法保证，按时出航就成为空话。于是在轮机长于胜的带领下，不少同志废寝忘食，昼夜排除故障，终于使冷冻机正常运转，保证了冷库的正常使用。清洁船内的卫生和油漆船体是一项很大的工程，在各部门长的带领下，全船工作人员一起动手，顶烈日、战严寒，加班加点，终于使船内机舱设备和船体焕然一新……船上实验室工作人员柴心玉、李福荣对船上的绞车等调查设备也进行了认真检修。

另外，在不到一个月的时间里，准备139人半个多月的主食和副食品、蔬菜，还有三个港口的招待宴会用品，任务也很艰巨。在伙委主委刘克使、管理员于平远、大厨王克起的带领下，很多同志放弃节假日昼夜奋战，特别是于平远孩子病重都顾不上回家照顾，只在孩子病危时才请假几个小时回家做了简单安置，便很快又回船投入了工作。船长蒋六甲在指挥全船工作的同时，以身作则，与大家一起搬运物品，给全船工作人员带了个好头，终于在短时间内将37000多斤食品入库备用。

为使访问团的同志住得舒服，全船工作人员除专业性很强的人员外，都把自己原住的房间倒出来给访问团成员住，并配备了干净整洁的卧具101套。在访

问团成员中，50 岁以上的成员有 30 多人，为保证这些同志的健康，船上配备了各种常用药品。

11 月 27 日，船从青岛启航后，船领导、管理员和医生又亲自走访了船上的每个房间，了解情况，征求意见，及时解决存在的问题。为使访问团成员成很快适应海上的生活，船领导及时将开饭的时间、观光的午餐准备、浴室开放等都做了细致的安排，从而保证了首次远航任务的顺利完成。

原载于 1996 年 12 月 20 日《青岛海洋大学报》

救生艇布放演练

专家眼里的"东方红2"

刘保华

　　海洋科学属于实验科学，纵观海洋科学各领域，一些重大理论突破和发现都是通过海洋调查获得的。海洋地质学和海洋地球物理学更是如此。海上怎样开展调查呢？首先靠的是调查船，比如中国海洋大学的"东方红2"。

　　近年来，我所承担的海洋地球物理调查任务多半是利用"东方红2"调查船完成的，那我们为什么会选择"东方红2"呢？性能和特点决定使用价值。与其他科考船相比较而言，我认为"东方红2"有两个突出的特点：首先，它在对外开放、资源共享这方面做得比较到位，在船的使用方面对校内校外可以做到"内外无别"；其次，船的管理层，从船舶中心领导、船长到船员，他们的服务意识非常强。船造出来就是要用的，用就是支持海洋科学研究，用就是为国家作贡献。

　　要对她做一个综合评价的话，我认为可以从以下几个方面讲讲。第一，船的性能比较好，包括稳定性、协调性都不错，另外船速的可控性也比较好；第二，实验条件比较好，例如，调查的配套设施、调查队员的居住条件等；第三，这条船耗油少，使用经济，与其他同类型船相比有明显的优越性。近年来我的科研团队多次使用"东方红2"完成调查任务，行程数万海里，每次都能够圆满完成任务，收获不小。我的团队也因此与船上的工作人员结下了深厚的友谊。

原载于 2009 年 10 月 29 日《中国海洋大学报》

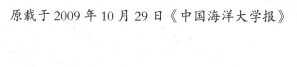

"东方红2"船日常维护保养组图

"东方红 2"船日常维护保养

专家眼里的"东方红2"

李广雪

一谈到"东方红2"就有说不完的话题。在"东方红2"船上工作过的人都会有一个共同的感觉，那就是生活舒适，工作顺心，不仅仅是因为船新、生活空间大，更重要的是人，船舶上全体人员都有一种热爱祖国、团结向上、崇尚科学的态度和信念，遇到工作难题他们各个部门都会积极配合，从不计较；遇到外交方面的事务，都会从国家利益出发，及时汇报、妥善解决。他们不但严格执行各种船舶规定，并且养成了一种种良好的并被严格执行的科考原则，即船舶安全船长第一，工作安排首席科学家第一。

近5年来，断断续续在船上作为航次首席科学家有四次，累计海上工作120余天，一个航次所有在船人员60到120人不等，大家天天都在一起，尤其是首席科学家还要与船长、轮机长、政委、实验室主任等人员打交道，每天都会遇到各种各样的事情，让人难忘的更是不胜枚举。最让我难忘的还是在西北太平洋开展底质采样航次发生的一件事情。那是2003年夏天航次，走航4天来到西北太平洋开展大洋采样工作。到达调查区后，使用澳大利亚某公司产的8000米绞车完成3个站位后，绞车瘫痪，采样器吊在4000米海水中拿不上来，事情发生在半夜，调查船紧急开会决定采用后甲板小型绞缆系统联动作业方式，将几吨重的缆绳和采样器一点点吊上来，那天的下半夜整个后甲板灯火通明，用了4个多小时顺利完成起吊工作。我当时站在二层甲板上进行录像，有一种绝望的感觉，因为接下来的问题更为严重。是否就这样无功而返？全体人员都不甘心，在太平洋上讨论了一天，经过科学研讨，决定使用国产6000米绞车试验，船舶领导、轮机部门和水手等全体人员出动，加班加点，对国产绞车进行全面维修和保养，对缆绳进行仔细检查，最后试验成功。后来使用这台绞车顺利完成了调查任务，获得的海底样品最大深度6700米，并发现了一个锰结核矿区。仅这个事情的处理，为项目组节约经费近百万元，而"东方红2"船的这种精神是无价的！

原载于2009年10月29日《中国海洋大学报》

专家眼里的"东方红2"

石晓勇

  我是搞海洋化学的,由于专业的缘故,与"东方红2"有着密切的联系。我曾搭乘调查船去过西太平洋等海域科考。"东方红2"1996年7月首次学生实习航次,以及直至2004年间每年的学生实习航次,我均有幸作为领队教师搭乘。

  除了教学工作以外,我也做过,而且现在正在做着不少海洋化学方面的研究课题,比如中日合作调查、"973""908"有关项目课题等。这样一来往往要好多天一直在船上,有时要1个多月时间。有些课题要求是非常严格的,比如对实验条件、船体性能等有着较高要求。我们"东方红2"无论在当时还是现在,都

救生艇例检

是全国最好的海洋综合调查船之一，它几乎能够满足实验的各种要求。也就是因为这个原因吧，许多兄弟涉海科研教学单位都要慕名来搭乘我们的调查船，包括兄弟院校出海实习的海洋科学专业学生。记得调查船首航时，我们上船做实验，除化学试剂器皿外，自己要带好多实验仪器和采样设备，挺不方便的。但后来随着时间的推移，我们上船带的仪器设备越来越少了，为什么呢？因为船上的设备越来越齐全了，条件越来越好了，我们的"压力"自然就减轻了。学校的那艘老"东方红"船我也在上面做过科研。相比较而言，"东方红 2"有更多的优越性，比如它的硬件设备齐全、先进，排水量更大，导航性能也更强，特别是实验室空间和条件均有很大改善。

"东方红 2"上的工作人员，从船长、政委到船员，都有一种吃苦奉献、任劳任怨的精神，他们对上船进行科研工作和实习的师生从态度到服务都没的说。有时候我们取样或进行现场实验时，人手不够或需加工器材，船员们都会主动相助。上船实习的学生有时很多，船上空间就变得有限了，就餐时船方总是优先将餐厅让给学生，船员则在空余位置就餐或自己将餐食带回房间吃。由于上船次数很多，我和船长船员们都很熟悉了，每次听说我上船，他们都事先做好准备，在饮食等方面照顾我的民族习惯，这一点让我着实很感动。

"东方红 2"现在已经成为海大的一种象征了，成为海大人的一种精神寄托。作为海大教师，我为学校拥有这么一艘先进的科考船而倍感自豪和骄傲！我们愿意搭乘它，为实现我们的海洋强国梦想，向海洋科技进军！

原载于 2009 年 10 月 29 日《中国海洋大学报》

1

2

1 卫生保健培训
2 安全教育
3 实验室培训
4 逃生演习

专家眼里的"东方红 2"

曹立华

　　作为海洋地质科考人员，我有幸多次在"东方红 2"船上工作，至今为止累计工作时间接近 400 天，可以说这是我除了家乡、家庭之外的第三个家了。我想"家"是每一个登上"东方红 2"船的海洋科技工作者共同的感受——温馨舒适的生活环境，乐于助人的"东方红人"，开诚坦荡的人际氛围，精益求精、永求完美的工作精神……正是在"东方红 2"这个大家庭的支撑下，我完成了 6290 米水深的大洋底质采样工作，30000 多千米的多波束、浅地层测线探测工作，足迹覆盖了西北太平洋和中国所有的边缘海，实现了学生时代的梦想！

　　"6290 米"，非海洋工作者可能意识不到它意味着什么。深海底质取样工作是海洋地质调查中难度最大的工作，这是因为它是对船舶取样设备能力、船载设备探测能力、船舶工作人员设备维护技术水平、考察队员专业水平的综合考验……同其他调查船相比，"东方红 2"船未配备近 60 万美金的地质绞车和相应的钢缆，但船上工作者在认真研究绞车原理和熟悉工作过程的基础上，组织科技攻关，在短短 20 天内完成了 20 世纪 70 年代出厂的老地质绞车的改造和加固工作，使考察目标的实现得到了保障，并使考察队完成了 6290 米水深的地质取样工作，这确实是前无古人的壮举。这是"东方红"群体综合实力的具体表现。

原载于 2009 年 10 月 29 日《中国海洋大学报》

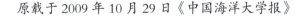

3

4

"东方红2"船在青岛外海锚泊

专家眼里的"东方红2"

鲍献文

海洋科学是研究发生在海洋上的自然现象、性质与其变化规律，以及与开发和利用海洋有关的知识体系。海洋科学作为一门实践性很强的科学，单从海洋科学研究的发展来看，它就是海洋调查发展的历史。因为海洋现象大多是由调查者在海上发现的，而新现象的获得很大程度上取决于观测手段的提高及仪器的进步。海洋科学的研究成果与海洋调查是密不可分的，是后者在引领着前者的进步。海洋调查可以培养研究者的意志品质，也可以激发他们探索未知的渴望。对于我自己来说，只要有时间，我都愿意带领学生们上船去调查。

在我国海洋调查事业中，我校的"东方红2"作出了突出贡献，这是海大师生最值得骄傲的事情之一。我本人曾多次担任航次首席科学家，乘坐"东方红2"出海进行海洋调查研究，她的先进设备和周到服务以及屡次出海在船上的点点滴滴都给我留下了深刻的印象，都让我感动不已，回味良久。

我曾经去过韩国、日本、意大利、澳大利亚等国家，和他们的海洋研究部门有过接触，甚至也工作过一段时间。目前来看，在海洋调查方面，我们的"东方红2"船的调查设备和国外是接轨的，甚至我们很多的设备比国外还要先进……澳大利亚的海洋研究者来我校访问并到船上参观时，对我们的很多设备都特别羡慕。所以从硬件来看我们无论从数量上还是质量上都不比国外差。

原载于 2009 年 10 月 29 日《中国海洋大学报》

2

3

4

5

1　锅炉抢修
2　进厂特检维修
3　特检维修出厂
4　2000年3月，安装多波束
5　2000年10月，安装"818"课题示范仪器设备

"东方红2"船作为"东方红"系列海洋综合科考实习船中的重要一员,自投入运行以来安全航行60万海里(相当于绕地球28圈),航迹遍及渤海、黄海、东海、南海、印度洋等海域。多年来,年均海上作业天数超过300天,2017年为323天,达到甚至超过了国际上知名的海洋科考船作业时间,成为执行我国海洋科考和人才培养任务的主力船。2022年,"东方红2"船大修改造项目正式启动。本项目以打造一流科考船舶为目标,计划通过项目实施,使"东方红2"船焕发新生并将其打造成国际一流水平的海洋综合科学考察船,为我国海洋科考事业、海洋强国建设作出新的更大贡献。

每一位海大人,都期待着"东方红2"船——无数海洋人、师生心中的海上之"家"——早日归来,重返那一片无尽的蔚蓝!

四海两洋探索不止,蹈海逐浪铸就探海伟业;

二十七载舷歌不辍,破茧新生归来再展宏图!

2

3

1 2019 年,"东方红 2"船在胶州湾锚地
2 2023 年 3 月,"东方红 2"船前往船厂大修改造
3 2023 年 11 月 28 日,"东方红 2"船大修改造项目开工

▪教学实习

　　"东方红 2"船自 1996 年 1 月正式投入运行以来，开展海上实践教学任务 200 多个航次，培养涉海专业本科生 20000 余名、硕博研究生近 3000 名，为我国海洋人才培养发挥了重要作用。

2

3

1 中国科学院院士文圣常（右二）在"东方红 2"船上指导研究生

2 中国工程院院士管华诗在"东方红 2"船上指导研究生

3 2000 年，副校长吴德星在"东方红 2"船上与学生交流

学生在"东方红2"船上实习

大海的洗礼

鲁国青

　　怀着对大海的向往，不久前我们登上了我校"东方红2"海洋实习调查船，开始了为期一周的海上实习。

　　一踏上甲板，我的心激动得跃跃欲出，心想，今天我终于作为一名真正的弄潮勇士，实现了盼望20年的蓝色梦想。举目四望，一望无垠的海水，悠闲地荡着微波，一层层，一簇簇，犹如一张巨大的蓝绿色地毯向四周延伸。在海天衔接处，几只海鸥在海面上盘旋迂回，不知是在觅食，还是在和那渔船上的小孩嬉戏，真是一幅祥和、瑰丽的画面！

　　然而，这种平静悠闲的场景并不持久。晚上海风渐急，还下起了滂沱大雨，船开始在大风浪中颠簸。随着船有节奏地摇摆，我的胃也开始翻腾起来，一股股酸味也开始涌上喉头。尽管如此，我还是挣扎着来到了舱门，欲一睹海之怒为快。可是，出了舱门，海面上黑乎乎的，一片茫然，再加上如注的大雨交织成的密匝匝的雨帘，我什么也看不见，只听得风在耳边怒号，海在不停地咆哮，无奈我只好踉跄着回到卧室，一下子瘫软在床上。

　　第二天，雨停了，但船仍在风浪的余威中摇摆。早饭我没吃，强打精神去听船政委的第一堂课。政委是一名慈祥而严厉的老同志，他严肃地命令把因晕船而逃学的同学叫来，队伍整好后，他语重心长地对同学们说："在船上，每个人都必须站好自己的一班岗，这不仅是命令，更是一种责任，这关系到全船生命财产的安全！"他语气稍停，看了看同学们后说："晕船不是病，只要按时吃饭，正常工作，过段时间就好了。这种适应过程，需要一种顽强的毅力来支撑，只要有恒心、信心，就一定能战胜狂风巨浪的挑战！"接着他又给我们讲了这样一个故事：有一年，一艘国外的海洋调查船在海上搞调查，当不少外国科技人员在狂风巨浪中倒下去时，是一名中国科技人员冒着七级风浪，继续坚持采样测量，终于获得宝贵的第一手资料。他的顽强毅力和吃苦耐劳的敬业精神，博得外国人的好评，大长了中国人的志气，也壮了国威……

　　听着听着，我不禁既感动又惭愧：感动的是那位中国科技人员百折不挠的精神；惭愧的是为自己豪言壮语下的"小"字而汗颜，只是遇到小风小浪就如此逃避、畏缩，又何谈迎接惊涛骇浪呢？

　　第一堂课是深刻的，老政委的话犹如一剂良药，治好了我们的晕船症。在以后几天的实习中，同学们都表现出良好的精神状态，圆满地完成了实习任务，同时思想也在大海的洗礼中，得到了净化与升华！

原载于 1996 年 11 月 10 日《青岛海洋大学报》

1

1　"东方红 2"船上实验室工作人员为学生讲解调查仪器的使用方法

2　学生在"东方红 2"船上上课

2

专家眼里的"东方红 2"

刘光兴

　　最近几年来，海洋浮游生物学实验室作为一支主要力量，参与了国家"908"专项和"973"计划，负责完成海洋生物与生态等调查的相关任务。实验室的研究生乘"东方红 2"科考船共开展了 7 个航次的海上调查研究，与考察船和其他学科的调查队员共同度过了许多难忘的时光。

　　同学们普遍感受到，与本科阶段海洋学实习时的风平浪静相比，在这几个航次的调查中，既体验了夏日的烈日炎炎，也感受了冬日的寒风刺骨，更体验到了惊涛骇浪和海上工作生活的艰辛……同时，"东方红 2"船船长、政委以及所有的船员对同学们的帮助和关怀也让他们深深感动。当调查队员出现晕船等不适症状时，船长给他们讲解如何消除晕船的方法，厨师则特地做一些清淡的菜肴；当生物绞车出现问题的时候，船上老师为了不耽误采样工作，趁着航行的间隙进行维修，顾不上吃饭和休息，保证了调查采样的顺利进行。

　　除了艰苦的海上作业，在"东方红 2"船上的生活也是丰富多彩的。在连续夜晚作业间隙，船员师傅借助灯光用自制的鱼钩、渔网钓捕鱿鱼，并不时向调查队员传授成功的经验；乒乓球爱好者们经常到前舱去切磋球艺、交流心得，使出海调查过程充满了欢乐！我们深深体会到，在"东方红 2"船上的工作经历是人生的宝贵财富；我们也深切领会到同舟共济的含义，每一次出海调查工作的顺利、圆满完成，都离不开"东方红 2"船全体船员的支持与帮助！

原载于 2009 年 10 月 29 日《中国海洋大学报》

出海杂记

张帆

　　想了很久，终于还是没敢用"Sailing"这个名字，尽管我听那首歌都听了那么多次，可是，这四天的飘飘荡荡与它实在有些差距，所以还是用了现在的文章名，没有太多的幻想和浪漫，只是琐琐碎碎而已。

　　期盼了许久，终于在快毕业的时候等来了出海实习，尽管早就听说大多数时候是抛锚，尽管时间从一周缩到了四天，但我还是期盼。"东方红2"——从进入海大就不断听说的名字，我来了。

　　午饭过后，同宿舍的人都睡去，只剩下我们几个人在甲板上晃。天气很好，中午的阳光很温暖，海上没有风，可以看到阳光在水中绽放成礼花的样子。船尾有几个悠闲的人在钓鱼，身影仿佛凝固了一般，只是偶尔有八带上钩时，才会引起一阵骚动。

　　喜欢在船上四处乱逛……这迷宫一样的船舱、狭窄的走道、层层叠叠的甲板和一扇扇的小门就成了我的乐园。我乐此不疲地在其间游走，寻找从一点通往另一点的捷径、被人忽视的角落还有门后那些风格迥异的空间。

　　喜欢一个人静静地待在一个地方，船头也好，船尾也好，随便哪一处侧弦也好，让风从身边吹过去，四周的海水撞击在船上发出一阵阵轻响，感受整个船在微微地晃动，像是回到小时候的摇篮。在傍晚或者清晨，可以看见太阳就在水平线上面，不断变幻着光彩。平常忙忙碌碌，猛一想，都快忘了上次看日落是什么时候，所以在这里，每次我都一直坐着，等到再也看不见那样绚丽的颜色。不过因为这个，经常赶不上第一批吃饭，而在我看来，还是这景色更有吸引力。在夜晚的时候，就可以看到岸上的灯，忽明忽暗，似近还远，让我不住地想象陆地上现在该是怎样的情景。船上灯火通明，在这一片光亮中，头顶的星空黯淡下来，看来要看到巴金先生描写的繁星，只有深入大海的深处了。

喜欢上课时间大家一起忙碌，把那些奇形怪状的仪器放进水里，再捞出来，连同海中的大千世界和我们的好奇。绞车吱吱呀呀，周围围着一群灿烂的脸。突然之间发现，我们离得如此近，近到不需要多余的语言。如果可以，我想再回到军训的时候，看看那时的笑容和现在有多少不同。四年，我们长大了，成熟了，或坚定或迷茫地选择着自己的未来，唯一没有改变的只有这瞬间的微笑。

一艘船就是一个世界。我原先不知道，不到 100 米的船上可以生活 100 多个人还显得那样空旷。除了上课和集合的时候。大多数时间外面都见不到几个人，人被分隔在一个个的小格子里。清冷的甲板，热闹的食堂，高处凛冽的风和散发着柴油味的底舱，似乎推开某一扇门你就到了一个遥远的地方。整个世界就这样被浓缩在了一起。每天早晨，在机器开动的声音中醒来，感觉脚下世界的运转。我可能是为数不多的几个跑到机舱参观的学生之一，到这个小世界的核心，听机器震耳欲聋的轰鸣，看一排排的机器按照人们的意愿或动或停。在这里的几天，我们每天按时去上课、去食堂、去宿舍或者去甲板闲逛；我们的门上没有锁，不用担心丢东西；我们的心里也没有锁，不用担心和提防，仿佛这是一个世界外的世界。

和船上的人聊天，他们告诉我，在这里待久了人会变得简单，岸上的人看来就是有点傻。听起来耳熟，可是我却有些上瘾，搞不清是因为简单而喜欢还是因为喜欢而更简单，索性不去想了，只要能让生命的经历更加绚丽多彩一些，其他的又有什么大不了的呢。

下船时有点"晕地"，一份意料之外的礼物。外面有我太多的牵挂，我终不能永远待在船上，我怎样也成不了彼得·潘笔下永无岛上的孩子。

原载于 2008 年 1 月 11 日《中国海洋大学报》

实习日记

皇甫静亮

2007 年 12 月 9 日，周日，轻雾

坐在微微晃动的船舱中，抱着被子在笔记本上记录心情。船舱的窗户很小，透过窗户白天可以看到湛蓝的海，晚上只有朦朦胧胧的夜景。如果住在底舱，还能从透明的窗子里看到起伏的海水，感觉应该更加不错。

船跟火车属于两种晃法，感觉更像喝多了酒，头重脚轻。这种非典型性晕船状态给了我困倦的理由，却不能解释我的好食欲。

大概是期待太久，大家上了船并没有像船员担心的那样不适应，反倒是有许多人在静静地看书，其他人在静静地看海。

窗外可以看到岸边，灯火灿烂，而船与海水亲昵的声音却渐渐明显。大家都睡了吧？晚安！

12 月 10 日，周一，轻雾

阿科和召子的到访将清晨唤醒，我被告知太阳升起来了，虽然有雾。

当我把敞了一夜的小圆窗放下的时候突然发现，船晃得更厉害了。

好食欲一去不返，取而代之是一阵阵的头晕眼花和恶心呕吐。刚吃过早饭就直接冲回寝室对着水池宣泄胃部的强烈不满，一阵阵的痉挛之后感觉自己仿佛是被用力拧过的湿毛巾，失去了弹性和色泽。

剧烈的呕吐尚未被人发现，于是我装作若无其事的样子返回甲板开始水文实验。实验并不复杂，持续时间却很长。由于我只穿了保暖秋衣和外套，体感有些冷。为了保持平衡，也为了取暖，我不停地原地踏步，为了分散注意力，我轻轻地唱着熟悉的歌，一切都有些做作。

实验在强劲的东南风里持续了三个小时，船摇晃得更厉害了。细雨一样的雾打湿了我的头发和外衣，所有自以为是的坚强在回到寝室的一刹那土崩瓦解，我头重脚轻、昏昏沉沉，胃也在一坠一坠地疼。关掉顶灯，颓然倒在床上，晦暗的光从小窗中弥漫进来，两扇窗像一双空洞无神的眼睛。这时候天花板上划过一个

2007 年，教育部本科教学评估专家组在"东方红 2"船上检查工作

影子，是船外海面的反光，我猜测大概是大浪涌来，随之而来的剧烈晃动和眩晕证明了我的判断。

一阵窸窣之后，同舱的阿恒挣扎着去吃饭了，我也凭着所剩无几的坚强让自己来到餐厅，大家在沉默中吃完了早餐。船忽地陷下去又忽地升起来，一轮一轮的折磨使正常的吞咽食物成了愚蠢的奢望，在对座男生有规律地干呕表情里，我率先捂着嘴冲回不太远的宿舍。片刻，阿恒也撞进来，面色苍白、表情扭曲地奔向对面的卫生间……

把自己和水池子清理出来之后，我拖着沉重的身体返回餐厅，取回餐盆的同时带回一个馒头和一块腐乳，机械地吃了两口之后，从身到心的困乏铺天盖地地压下来，随即"不省人事"……

醒来时是下午两点半，在床上躺到三点半，我和阿恒都不愿意继续躺下去。几番思想斗争之后，我咬牙坐起，在船有节奏的晃动中与自己的意志扯皮，努力去忘记一切不好的情绪。"飘"到餐厅里，喝了两口醋之后感觉舒服很多，于是坐下开始打牌。新玩儿法，六个人打四副，晃动中抓牌、理牌、出牌，打得毫无章法，自相残杀和瞎出乱走层出不穷。

晚饭和恐惧同时来临，我跟自己说多少吃点儿吧，努力咬了一口馒头，然后就意识到这饭是吃不下去了，于是跑回房间钻进被子，逃回梦乡。

再醒来时已是晚上七点半，考虑到沉睡的阿恒，我在黑暗中摸索着吃了剩下的馒头和腐乳。船依然晃可是幅度小了，甲板上出现了一些已经睡够了八小时甚至十小时的人们，每个人都脸色蜡黄，有气无力互相问候。偶尔还有同学冲到船舷边儿去"喂鱼"，为了保证安全我去抓住他们的胳膊，旁人轻拍后背缓解不适，帮忙的人交换一下眼神，彼此都有些"心有余悸"，说不定自己就是下一个"喂鱼人"。

12 月 11 日，周二，轻雾

听说今天东南风转北风，风力 5 ~ 6 级。我醒来之后第一个念头就是：赶快吃饭！要赶在大风来之前，给自己准备好吐的"资本"。

吃过了饭，船外的雾气没有变浓也没有减退，我仿佛听到了雾中北风来临前摇旗呐喊的声音，整个上午心里惴惴不安。

生物实验平稳地进行，正如老师所说没有一条傻鱼入网，只在玻璃瓶的底层发现一只婴儿虾，只有四五厘米那么大。其他的箭虫、夜光藻、中华哲水蚤、水母以及为数不多的螺旋藻都是我们争相观看的小小收获。

无浪的时光悄然逝去，所有的训练项目，水文、生物、化学、气象全部顺利结束，而更为值得庆幸的是如约而来的北风并没有带来大浪，趁着海况好，每个人恶补的粮食都不仅还清了昨天欠下的债，还转化成新的活跃能量。晚饭结束后，我们在餐厅搞了一场小型晚会，我来做主持。所有腼腆而又跃跃欲试的人们都没有让人失望。沉默的男生唱"我就是那一只披着羊皮的狼"、活泼的女生唱《天涯歌女》，观众给忘词儿的歌手搜索着歌词，抱着吉他的哥们儿让人感觉歌和曲儿并不是一回事儿，还有京剧、民歌，有唱王菲、孙燕姿歌曲的男生，也有唱军歌的女生……真是难忘的一夜。

12月12日，周三，晴

大面站的测量项目与我们每组二十多人的配置相比显得很轻松，每一次抛锚之后过不了多久各组都相继报告任务完成，船一次次拔锚起航，也一点点驶离近岸。

距离岸边越近，海面上船只越多，广阔的海面上各式的船星罗棋布：货轮巨大无比肩宽背厚，细长的渔船往来穿梭，还有许许多多不知名不知用途的船舶游弋其间。海风徐徐，阳光穿过云缝，海鸟在船尾盘旋，国旗在蓝天下飞舞。

下午两点，我们登上交通船，"东方红2"船在视线里渐渐远去。

终于回到陆地。一次实习，百感交集，而欣喜居多。多么难忘的一次人生经历。

原载于 2008 年 1 月 11 日《中国海洋大学报》

1

1　2006 年、2008 年学生出海实习组图
2　2011 年学生出海实习组图

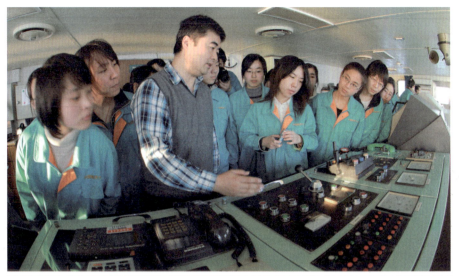

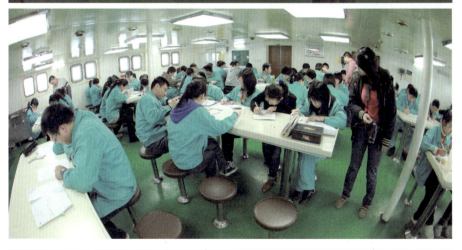

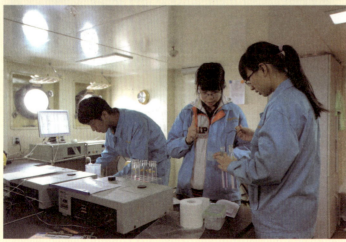

2015 年学生出海实习组图

▪海洋科考

　　"东方红2"船作为我国海洋科考的功勋船，圆满完成国家系列重大科考航次近 160 个，国际合作航次 30 个，承载科研人员 11000 余人次，与国内外 50 多家海洋科研院所有着广泛深入、卓有成效的合作。

　　从广度和深度上，"东方红2"船创造了我国海洋科学考察工作的多项记录：首次穿越巴士海峡进入南海进行通量调查，首次穿过马六甲海峡在印度洋执行海洋调查，首次在西北太平洋执行海洋调查，首次在马里亚纳海沟进行全海深 CTD 测量并获得宝贵的万米海水样品，首次在西北太平洋 4500 米深海成功采集海底沉积物样品……依托"东方红2"船建立的"海洋仪器海上试验与作业基础平台若干关键技术及应用"荣获国家科学技术奖二等奖，为加快和促进我国海洋仪器装备国产化进程发挥了不可替代的保障性作用。

2001 年 4 月，"东方红 2"船第 50 航次启航

为了国家"973"项目

——"东方红2"船打捞仪器纪实

赵继胜

2000年10月21日,我校"东方红2"海洋综合调查船正式起航,开始执行国家"973"项目黄海、东海海上观测任务。

在此次观测的第二个站位,要把一个立体三脚架释放到海底固定观测。这个三脚架同"东方红2"船的后门吊差不多宽,上面装有观测仪器。释放之前召开了专项工作会议,详细研究了释放三脚架的程序以及具体人员的职责。因此在海上风力达到6级、海况恶劣的情况下,23日的整个释放过程还是非常顺利。门形吊架提起三脚架,送出船外,放入水中,沉放到海底,放出架子上面的浮标和浮球。船漂移一段距离(小于200米),释放固定锚和浮标,释放完毕,一切井然有序。船离开三脚架500米抛锚,开始连续船上观测。

25日上午,观测顺利结束,就在打捞三脚架时,海上风力突然加大到7级,浪高达到5米。船起锚后,缓缓地靠向三脚架的浮标,五六个水手都拿着拴有绳子的钩子,在前甲板严阵以待。浮标在船左前方到达水手们的抛投范围之内时,五六把钩子轮番抛向浮标,由于风力太大,抛出去的钩子都被风吹离了目标。这时浮标由前甲板的左侧通过船底摆向船的右侧,并且很快地向船尾方向移去。水手们边打捞边向船尾方向追去。在船的后甲板有人抓住了目标,迅速收紧绳索并且拽到船后,准备从船尾收进。浮标靠近船体以后,船必须停下,以免螺旋桨缠绕上绳子。船在失去动力时就自由顺风下漂,其速度达到2节左右,把绳子压在了船底。当水手们把拉到船尾的浮标往上拖的时候,绳索卡在船下的某个位置,任凭船员们怎么往上拉,绳索丝毫没有被拉动的迹象。往海里放绳吧,浮标下边的绳还弹不回去。正在这时,由于船的拖带,绳子又被拉断了,只拿上来浮标,真是祸不单行啊。由于风大浪高,甲板上几次打上水来,所有参与打捞的人员裤腿都湿了,鞋子也都灌进了水。第一次打捞以失败告终。

船长、首席科学家和课题组负责人商定,继续打捞第二个浮标——固定锚上面的浮标。为了避免船压绳索的现象再次发生,船长要求把船绝对控制在浮标的下风位置。

第二个浮标的打捞就不像打捞第一个浮标时那么容易钩住。因为第一个浮标连着一个浮球，浮标与浮球之间还有段几十米的漂浮绳子，比较好捕捉。可是第二个浮标没有漂浮缆绳，只是一根竹竿挑着一面小红旗，目标太小，又加上六七级的大风，五六米高的大浪，船体颠簸非常厉害，看来抓住这个目标有一定的难度。船长考虑到捕捉目标的困难，要求水手多准备几把钩子，轮机部门现加工了几把钩子。按照绳子的抛钩准备了不少，有锚钩、直倒钩、弯倒钩、船用s型钩，就连冷库的肉钩也拿出来了。

第二次打捞开始了，船快接近目标的时候，速度很慢。船速低于5节时，船舵几乎就要失去它的作用了。"进车、右舵、停车、左推、右推、左舵……"在船长的口令下，船准确地一米一米地接近目标。船靠近目标了，第一排钩子打下去，但没有抓住目标，然后第二排、第三排……因船在接近浮标时发动机是停车状态，船在风浪的作用下渐渐地远离了目标，这一回合又失败了。

但是大家并未丧失信心。船掉头兜了一大圈后又驶向目标，经过轮番抛钩，还是未抓住目标。在一次目标靠近船尾时，同时有两把钩子钩住了浮标，并且用极短的时间把它拖向船尾。此时若能提进船舷，就可以用绞盘机绞进下面的绳子。但是浮标在上风且由锚固定，船在下风顺风又顺流，船漂移得太快，浮标未进舷内，两根抛钩细绳就已经支持不住了。为了不拉断绳子，又都结上了50米长的绳子。绳子继续下滑，不容再采取什么措施，就又下去一多半了。在这千钧一发的时刻，其中一根绳拴上了一对黄色的浮标，另一根绳还未来得及拴上浮标就被卷进大海，无影无踪了。黄色浮标远离了调查船，打捞又一次失败。

这时已是下午6点钟，天色渐渐暗下来。天黑以后看不见目标，不可能再继续打捞，调查船决定就地抛锚，待天气和海况有所好转以后再进行打捞。否则再出现断绳，以后的打捞工作就更加无从下手了。这次分项目海上观测的主要负责人，本是一个爱说爱笑非常活泼的青年人，这时像泄了气的皮球，一下子瘫坐在甲板上，着急得要哭出来。他的心急与担心是不无道理的，如果这个架子打捞不上来，他们的分课题项目就将一无所获，底层温盐结构、底界面流、悬浮颗粒物质等要素将是空缺，会影响整个"973"项目的研究。另外，三脚架上安装的仪器都非常贵重……这一切一切的损失和对"973"国家级项目研究的影响，年轻人怎能承受得了呢？

水手长张采贵走到他跟前，对他说："请放心，只要浮标还在，我们一定能给你捞起来！"说完把他扶回了宿舍。

晚上召开了工作会议，船长、大副、水手长、实验室主任、首席、专家、课题负责人等纷纷献计献策。根据三脚架固定锚上边浮标漂浮的位置和风流的方向，又制订了一套实施方案和操作程序。

26日，风浪依旧很大，全员继续等待。这一天，分项目的同志们，饭吃不香，觉睡不沉，不管白天还是晚上，不时地遥望海上远处的浮标，真是寝食难安、度日如年。

27日，天公作美，风浪减小了不少，船长决定上午8点开始打捞。船起锚朝着黄色浮球开去，左舷迎着风首先靠近了目标。当船首接近目标抛投有效距离时，前甲板开始抛钩打捞，但未成功。目标移向船的中部，艇甲板开始打捞。经

2002年"东方红2"船第62航次：南海—西太平洋通量调查

过几轮的抛投，最终抓住了固定锚上的浮标并快速把它提起拽了上来。然后接上一根 200 米长的粗尼龙绳，以防拽不动锚，船顺水下漂时作为缓冲余地。

在解下浮标和黄色浮球时，由于船一直在往下风漂移，连着锚的绳子绷得太紧，五六个人的力量拽不住，不得不放出几十米。当时船不敢动车，牵着的绳子也不能任意放出，就试着拴在了船上。

船在缓缓的顺风下移过程中，绳子绷得越来越紧。为不使绳子被拉断，大家将绳子稍微下滑。停顿了几秒钟以后，船的移动应该拖动了海底的固定锚，这时水手长一声令下："人工往上拽！"呼啦啦一声，实验室的人员和几个水手一起拉起了绳子。在大家有节奏的 "1—2—3，1—2—3……" 的号子声中，绳子一厘米一厘米地进入甲板。轮机长带着机工替换下累了的同志。经过几次轮番战斗，海底固定锚终于露出了水面。在场的人们心中一片喜悦，因为把固定锚拔上来，这就意味着打捞三脚架将要成功了。

把锚拉上甲板解下来，下面的绳子就连着三脚架了。这时全船的人员都已经站到甲板上待命，也期待着胜利时刻的到来。水手长大喝一声："把绳传到后甲板！"大家都很明白，这是要用绞缆机往上绞绳，所有的人都站到了左舷，从舷外把绳子急速地传到船尾，挂上了绞缆机。

在水手长的指挥下，绞缆机轰轰地转动了，打捞绳不停地往船里边进。实验室的人员也把门形吊架开到了位，钢缆绳早已准备妥当，等待起吊三脚架。

20 多分钟过去了，三脚架终于露出水面。绞车启动，三脚架缓缓升起，门形架回收，三脚架坐落到甲板上。这时全船人员欢声雷动，三天来的心血和劳动终于得到了回报，打捞仪器成功了。

原载于 2000 年 11 月 30 日《青岛海洋大学报》

1 2003 年，"东方红 2"船第 72 航次：西太平洋环境
  地质调查
2 2003 年，"东方红 2"船第 79 航次："973"项目与
  中国近海陆架调查
3 2006 年，"908"专项调查北黄海夏季航次
4 2008 年，"973"项目首席科学家吴立新在作业现场

3

4

1

2

1　2011 年 3 月，"973" 项目首席科学家赵美训检查出海准备工作
2　2013 年 4 月，基金委共享航次，调查队员进行生物拖网作业

大海捞针

海风

潜标是系泊在海面以下的海洋要素观测装置，可以不受海洋上恶劣天气和海况影响，实现长时间、定点连续观测。潜标主要用于深海观测，每套潜标根据不同的观测需求，在不同水深布置各种观测仪器，最下端连接声学释放器，整套潜标依靠重力锚固定在海床上。一套潜标的成本非常高昂，一般都要数百万，因此对于潜标的设计、布放与回收都有极高的要求。"东方红 2"船从 2010 年前后开始参与南海潜标观测网的建设，成为潜标布放、回收作业的主要平台，十几年来，完成潜标布放回收作业数百次，成功率 100%，配合学校科研团队，在南海建成了国际领先的潜标观测网。而 100% 的成功率，一方面离不开科学家的精心设计和潜标作业队伍的专业化，同时也离不开调查船的全力支持与配合。在这个过程中，发生在 2014 年春季南海的一件事，给我留下了深刻的印象。

四五月的南海，冬季风的影响基本结束，台风季还没有到来，天气和海况都很好，主要作业任务已完成，只等一套 300 米左右的潜标回收后，航次任务结束，就可以回航了。但就是这套对于已经有上百套次回收成功经验的作业队来说很简单的任务，偏偏出了问题。

调查船到达潜标站的时间是下午，阳光正好，海风轻拂，正是南海北部这个季节一天之内天气最舒服的时候。停船后，作业队按操作流程释放潜标成功，然后就站在甲板上，等着潜标橘黄色的浮球浮出水面。因为所在海区水很浅，潜标长度只有 300 米左右，理论上很快就会浮出水面。但十几分钟过去了，仍然没看到浮球的影子，作业队员心里开始打鼓，船长和首席也在研判，可能是有什么问题。此时大家心里还有一线希望，认为可能是浮出来没看到，但又过去了十几分钟，任凭大家绕着船三番五次、睁大眼睛去找，仍然没有找到，这时大家意识到可能出现了问题。潜标明明已经释放，但不上浮的原因是什么呢？潜标释放脱离重力锚后，是靠浮球提供的浮力浮出水面的，每套潜标在设计的时候，会根据挂载的观测设备的重量，计算出上浮需要的浮力，以此确定用多少个浮球。考虑到在海洋环境下，浮球因为受到海水压力等原因，有可能会爆裂，所以还要留有一定的余地，这对于深海潜标来说非常重要。但这套潜标布放点水深只有几百米，浮球爆裂的可能性极小。

除此之外，大家能想到的另外一种原因就是所在海区水浅，离陆地近，是拖网捕鱼作业区。潜标最上面一组浮球距离水面一般只有数十米，拖网渔船经过时可能会被渔网挂住，渔船拖不动下面有重力锚的潜标，渔民会把渔网割断，因为潜标很短，浮球提供的浮力有限，被弃的渔网会把潜标兜住并直接压在海底，这个时候即便释放了，潜标被渔网缠住，也不可能正常上浮。

到底是什么原因，只有收上来才能知道。

这套潜标是一个观测断面的最后一套，如果不能正常回收，首先是经济上的损失；第二就是这个断面一年的观测数据不完整，对后续的数据分析和观测成果都会造成影响，但想要成功回收难度可想而知，虽然水深只有几百米，但一套潜标沉在海底，要想打捞这套潜标，调查船需要在确定潜标位置的情况下来回尝试，靠钩子等工具把渔网拖离或者直接钩住潜标的缆绳拖上来，但长度100多米的调查船，转弯半径就有好几百米，加上风和海流的影响，每次底拖的区域要实现全覆盖，对于船舶的操控而言，必须非常精确细致，一旦因为疏漏而错过，有可能就会与这套潜标永远失之交臂。

为了成功回收，调查船与调查队紧密配合，几次协商，确定了回收方案：首先用三角测量法确定潜标的精确位置，然后用几个挂钩加工制作一个拖拉工具，挂在船尾A架上，用钢缆放到海底，调查船以确定的潜标位置为中心，在一定范围内来回拖，希望能将渔网或者潜标挂住并拖出水面。打捞方案确定时天色已晚，对于这个无异于大海捞针的方法能不能有效，大家心里都没有底。等工具加工完成后，调查船连夜开始了打捞作业。

一夜无眠。

第二天早晨，南海的第一缕曙光洒在海面上，照亮了工作了一夜的调查船，也照亮了甲板上人们的脸庞。首席科学家和调查队员脸上都洋溢着胜利的欢笑：打捞成功了。结果也印证了大家最初的判断，潜标被渔网缠住压在海底，所以释放后不能顺利上浮。成功回收后的潜标静静摆放在甲板上，这是调查船一夜奔波、大家一夜辛苦的见证，也是调查船与调查队精诚合作的见证，这次作业成功不仅挽回了经济上和科学研究上的损失，也是"东方红2"船团队精神和科考实力的明证。

1 2013 年 11 月，"东方红 2"船在南海回收潜标

2 2013 年 12 月，"东方红 2"船在西太平洋突遇恶劣海况，首席科学家田纪伟与调查队员一起回收设备

2013 年，"东方红 2"船执行出海任务超过 300 天。图为 2013 年 12 月 "东方红 2" 船在南海执行海洋调查任务

出海日记

海风

南海北风

今天海况比昨天更恶劣，5 米高的涌浪如同小山一样此起彼伏，船一会儿被推上浪尖，一会儿跌入波谷，摇晃俯仰如漂萍。风裹挟着细密的雨在海面上横飞，织成白茫茫的雨幕，天海之间迷蒙一片，仿佛一张无形而无法挣脱的大网，沉闷压抑得让人难以呼吸。在雨停的间隙，云层会散开一点，露出小小的一块蓝天，偶尔还会有一缕阳光透过云层的缝隙洒到海面上。风似乎也小了，天似乎有放晴

的迹象……但仅仅一个瞬间，厚厚的云层又从天边弥漫开来，天海之间又变得暗淡无光，很快雨又下来了。如此几次反复，便让你彻底断绝了盼望天晴的念想，只得安下心来，看着风雨和灰蓝色的海水无休止地撒野。好在，毕竟是在热带海洋上，北风虽然强烈，但长途跋涉来到南方，似乎也知道要入乡随俗，于是便收敛了冷峻肃杀之气，只剩几分微凉，如春秋或夏夜的晚风了。

下午，船已过北纬十度线，进入了海盗活动区域，按照船上制定的安全预案，从今天开始便安排人24小时巡逻值班，同时关闭了船上绝大部分的水密门，只留四层甲板餐厅外面的两个出口供人出入，以后我要去吃饭、打水或到外甲板活动，必须先下到三层，穿过一段窄长的走廊，然后再上到四层，非常不便，如此就把到舱外放风的自由也限制了，虽说是出于安全考虑，但目前的处境却完全等同于被关进了一个笼子。这次调查的海域基本上都比较偏南，接下来的绝大部分时间都要在这样的状态下度过，这无疑是对人真正艰难的考验。

从昨夜起，受冷空气残余势力的影响，海上风力加大，涌高浪疾，船行缓慢，左右摇摆以致人几乎难以站稳。夜间，放在桌子上的电脑被摔到地上，好在无甚损失，不过却惊出一身冷汗，过了良久才复入睡。去年同样在此海区，海况好得如置身天堂，而现在，天阴如幕，风啸如雷，海涛翻卷如山峦起伏，似万马奔腾，连我都有些觉得难以忍受。晚上，躺在床上，身体不能有片刻安稳，一下前后起伏，一下又左右摇摆，耳边不时传来其他房间物体掉落时的声响，所有一切都在考验着敏感而脆弱的神经。由于晚上没有睡好，所以今天一上午精神不佳。下午船上进行了救生演练，调查队员继续进行设备实操培训。

天又阴了，暗灰色的云块铺满天空，看不到一点儿天空的颜色，仅在东方的天际留了一道窄得可怜的缝隙，让一束阳光照下来，像舞台上的追光随着云层的移动扫过远处的海面，很快，连这一点阳光也消失不见，天海弥漫成一片灰蒙蒙的颜色。

晚上，一个不好的消息传来，船上的锅炉出现故障，晚饭的时间推后近一个小时，更令人担心的是，如果锅炉明天修不好，就需要靠泊后维修，恐怕又要占用本已很紧张的作业船时了。

抢修锅炉

下到机舱，工作人员已经开始抢修出故障的锅炉，四五个人用了差不多半个

2014年5月，"东方红2"船在南海回收潜标

小时才把锅炉圆形的厚重的门打开，锅炉里直径仅半米左右的炉腔呈现在眼前，炉门附近堆积了厚厚的一层灰白色的物质，像水壶里的水垢。清理完这些，一个船员头上蒙上毛巾，戴上口罩钻到炉内，一点点儿清除里面的积垢。炉内空间很小，人钻进去以后几乎不能动弹，从外面只看到两只脚。过了好长时间才算清理完成，人出来后已经是面目全非，脸上、身上沾满了油渍和灰尘。因为是炉腔渗水导致的故障，所以这一步完成后，还要用刷子对附着在炉腔里的油灰进行仔细的清扫，以便寻找渗漏点并重新进行焊接，等到这些工作全部结束，已接近中午。锅炉所在舱室下面一层便是船的主机舱，轰隆隆的机器声震耳欲聋，说话必须贴在对方耳朵上大声地喊。就是在这么艰苦的作业环境中，在两三个小时的时间里，船员们各有分工、互相配合、有条不紊，终于查找到了故障点，使维修工作得以顺利进行，优良的工作作风让人油然心生敬意。

因为天不好，索性闭门不出。船里空调关了，虽然随着船的慢慢南行，气温已经比刚出发时高了不少，但毕竟已是冬季，在屋里久坐，仍然感觉全身微冷。整理完几天来的工作资料，走出舱外，看一群海鸥在船尾上下翻飞觅食……时间就这样慢慢过去。

夜幕降临时，天开始下雨。天气预报说又有冷空气来袭，这个夜晚恐怕又不会平静了。

雨中作业

今天，船上的一个减摇水舱漏水，需要把舱中的水排空后进行焊接修复，维修工作从上午开始，一直到下午五点才告结束。"东方红2"船已有18年的船龄，相对于30年的设计寿命而言，相当于人到中年，难抵少壮，而现在每年300天左右超负荷运行，对全船各系统性能的稳定与安全是很大的考验。对于船上工作人员而言，长时间漂泊于茫茫大海上，不仅要在艰苦复杂的工作环境下完成船舶的日常保养与维护、配合科考队完成调查任务，还要应对不时出现的各种突发状况，工作上的压力自不待言。同时长期远离陆地与家人，信息不通、音信杳无，年长者身体状况已不比当年，年壮者上有老人下有幼子放不下各种牵挂，年青的船员除了要尽快熟悉船上工作外，对于自身未来发展与人生设计也难免会有各种困惑与迷思，凡此种种，都是在陆地上、城市里工作的人们难以想象和理解的。

下午，海况略好，因为减摇舱维修需要船逆着涌浪的方向航行，调查作业暂时停止。这期间本航次搭载的一个设备抓紧时间进行了两次布放与回收，由于该设备体积较大，所以吊放与回收都比较困难，在船上工作人员与调查队的紧密配合下，终于在天黑之前顺利完成全部作业。船上作业考虑的首要因素是安全，除了设备安全之外，更重要的是人员安全。恶劣海况下，船身摇摆不定，加上不时下雨，甲板上又湿又滑，又遍布各种仪器、设备，作业空间狭小而局促，在这样的条件下进行设备吊放，其难度可想而知，为了避免出现人身伤害事故，需要全体作业人员彼此配合、互相关照，靠的是各尽其责和良好的团队协作。在整个工作过程中，现场忙而不乱、有条不紊，雨水打湿了人们的衣裳，分不清脸上流下的是雨滴还是汗水，几位年长的老师，连雨衣也没穿，虽然是热带，但衣服被雨水打湿后，一阵海风吹过，还是会感到一丝丝凉意，但他们始终无暇顾及，一直坚持到工作结束。

傍晚，雨停了，天依旧阴着，只在西边的天际留一道缝隙，可以看到一点夕阳的余晖，与这紧张而忙碌的一天做着最后的告别。

冰与火之歌

在空调房间里待久了，身上寒阴之气太重，所以在早晚光照不是太强烈的时候，大家都会到甲板上走走。虽然很多时候都一样酷热而潮湿，但只要有风，感觉要舒服一些。海上大部分时间并没有太多的风景可看，无非是白云苍狗、浩海茫茫，有时候也会想象这一片海洋，亿万年来大致就是现在这个样子，当我们的祖先在陆地上茹毛饮血、择穴而居的时候，也无非是现在这个样子。漫长的岁月里，能有多少人来到过这片海洋，我不得而知，但肯定不多。这样想着，多少有一些豪迈之气，但也无非是千古的苍茫、万年的枯寂，少有飞鸟，不见游鱼，似乎连飞鱼也少了，浩渺的海天之间，只有我们。

日常的工作是忙碌的。除了调查队员夜以继日的作业，船员们也在周而复始地忙碌着自己分内的工作。甲板部的年轻水手们，日常性的工作是要对船进行维护保养，甲板上很多地方表面上漆面正常，实际下面已经锈蚀，他们要把这层漆面敲掉，把锈迹打磨干净，然后重新上漆。这个工作看起来很简单，但非常细致烦琐，特别是在赤道地区阳光炙烤的室外甲板上，气温高达 40 摄氏度以上，阳光曝晒，湿气蒸腾，那种滋味不去亲历是不能体会的。轮机部的船员们，除了日常值班，船舶运行中出现的问题都要随时解决，特别是对一条服役近 20 年，年均在航 300 多天的科考船而言，隐患越来越多，出现问题的概率也越来越大。今天下午船上的发电机发生故障，他们没有顾得上吃晚饭，就在充满震耳欲聋噪声和闷热的机舱里抢修，到了晚上 7 点多才修好。对于他们而言，这些工作不过是常态，是在尽自己的本分与职责，但其中所付出的辛苦，不出海的人是无法想象的。我作为一个旁观者，尊敬他们中的每一位，我们的海洋事业发展的每一步，也应该留下他们的印迹，不容遗忘。

1　2023 年，"东方红 2"船实验室工作人员
　与调查队员调试仪器设备

2　2014 年冬季，"东方红 2"船上实验室工
　作人员协助调查队在南海布放观测设备

3　2015 年西太平洋航次，"东方红 2"船高
　海况作业

4　2015 年西太平洋航次，"东方红 2"船雨
　中作业

1

1　2016 年，"东方红 2"船西北太平洋科考组图

2　2016 年，"东方红 2"船下水 20 周年之际首航印度洋，图为调查队在东印度洋布放观测浮标

2

▪对外交流

1

2

3

4

1 1996年11月，"东方红2"船首航出访韩国、日本并开展科学考察
2 "东方红2"船首航时，访问团团长侯家龙、副团长冯瑞龙与船长蒋六甲合影
3 1997年7月，"东方红2"船出海执行中日副热带环流合作调查任务
4 中日合作调查队进行海洋生物取样

1

1 1986 年，学校与德国汉堡大学签署合作协议。20 余年里，双方合作完成 11 个研究项目，
  "东方红"船和"东方红 2"船是双方合作调查的主要船只。图为中国科学院院士冯士筰
  与德方专家交流
2 中德合作调查期间，双方专家和队员合影

▪ 海上生活

海上谈"吃"

海风

　　民以食为天。不管是短时间的出海实习，还是一两个月的海上调查，保证出海人员的一日三餐能吃饱、吃好是确保人员健康、完成工作的首要任务。特别是随着生活水平的不断提高，大家对于饮食也提出了越来越高的要求，不仅要有营养、美味，还要荤素搭配——但每次出海人员动辄上百人，这对船上事务部而言，仅仅准备食材就是非常繁重和艰巨的任务。

　　花样食材有了，在船上做饭也不是一件容易的事情。由于调查船上空间有限，所以在面积不大的厨房里，要完成食材从原材料到成品的整个加工流程：洗、切、炒、煎、炖、煮、烤、蒸……各种厨具琳琅满目，塞得满满当当，给几个厨师仅留方寸之地进行各种操作，简直是"螺蛳壳里做道场"最形象的写照。每到做饭时，小小的厨房里蒸气油烟缭绕、人声涛声齐鸣，真的是好不热闹。同时与陆地上不同，远海大洋，无风浪三尺，3000多吨的调查船，在风浪中直如一叶扁舟，摇晃颠簸不止，有时候人站都站不稳，更别提还要操作各种厨具了——锋利的刀剪叉、高温的水火油，哪一样都不是善茬儿，这种工作环境和条件，实属艰苦。

"东方红2"船由于建造下水时间比较久，船上冷藏条件不利于蔬菜、水果等鲜品的长时间储存。在一些比较长的出海调查航次中，经常出现后期绿色蔬菜、水果"断供"的情况，即便有少量供应，新鲜度肯定也难以保证。这种情况，将随着"东方红2"船的大修改造得到彻底改变。

从"东方红"调查船起，出海实习和调查人员一直保留着"帮厨"的传统。一方面让没有任务的老师、同学参与劳动，丰富一下船上生活的体验；同时也可以减轻船上工作人员的压力。"帮厨"的内容，以择菜居多，在一些节日，船上会组织大家一起包包子、水饺改善生活。这往往是船上最热闹的时候，也是给很多有出海经历的老师、同学们留下最深刻印象的场景。

择菜

出海第45天，船上各种补给所剩无多。特别是蔬菜，绿色蔬菜已多日不见，最后一次吃到的是几天前的小油菜，因为已没有多少水分，所以叶子都变得干瘪

调查人员在作业间隙帮厨

皱缩，但用水煮过以后，似乎又重生了一般，看上去倒是有几分青翠可爱，但却难以咀嚼，更难以下咽。别的蔬菜只有大白菜、萝卜、土豆之类，虽然厨房师傅变着花样儿加工成各色菜肴，但长时间不吃青菜已导致很多人因维生素摄入不足而出现身体上的诸多不适，虽不严重，但毕竟不是健康的状态。

工作之余，到厨房帮厨，主要是帮助厨师对青菜等进行粗加工，去皮去根去腐，以减轻他们的工作负担。这次择的菜有两种，一是芹菜，一是小白菜。虽然船上有冷库，但出海时间已到大部分蔬菜储存的极限，芹菜基本上叶黄根枯，有些已经明显不可食用，小白菜更甚。因为放在冷库里，表面一层被冷风吹着基本上脱水变成了"干菜"，水分的流失使菜叶变皱变薄，如同孩子画画用的皱纹纸，正不知如何处理，旁边的师傅告诉我不要扔掉，用水一泡，叶子吸水后就会变得舒展，还可以食用。与此相比，压在下部的菜由于长时间不通风加上水分含量较大，很多已经腐烂，菜叶的基本形状早已不见，变成黏糊糊的一团，散发出一阵阵怪异的味道，只见师傅们熟练地拿起一棵菜，将外面的烂叶一把扯掉，露出里面的一点菜心，看上去仍然水灵鲜嫩的，放到择好的菜筐里。

师傅一边择着菜一边告诉我，由于储存条件的限制，绿色蔬菜的储存一直是船上伙食的大问题，而人们长时间在海上工作，艰苦的工作环境下又不能没有蔬菜供应。绿色蔬菜特别是叶子菜不可能一次上太多，即便如此最后仍有大部分因为干枯腐烂而丢弃，像这样的菜在岸上一般早就无人问津了，在船上还是要尽量择出一些能够食用的，他们笑称是"化腐朽为神奇"，而最后的结果，100斤菜仅能择出30斤左右。等到这些也没有了，就需要土豆、白菜、萝卜等耐储的菜来填补了。

近代欧洲的航海家们横渡大洋探索世界的过程中，面对的最大威胁除了海洋的未知与危险，更多是饮食问题导致的一系列疾病。100多年的时间过去了，技术的进步使今天长时间海上工作的人们可以不再受如此的威胁，但是，海上生活的艰苦，以及一些貌似细枝末节的问题，仍然一点点剥去我眼中关于出海的浪漫美好的想象，还原其真实的面貌，而这些，不在海上，不去经历，是无法发现和认识到的。

包饺子

调查船在出海期间，如遇到较大的节日，一般会组织一些集体活动，比如包

调查队与船员一起包饺子欢度元旦

饺子、文体活动，没有作业任务的调查队员和不值班的船员都要参加，以调节一下气氛，调动大家的情绪，对于漫长、枯燥的海上生活而言，这往往是船上最热闹的时候，而今年元旦正好遇上避风，作业暂时停止，算是比较正式的休假，所以基本上大家都可以参加。

包饺子下午三点开始，几乎所有人都参加进来，各显其能、各尽其力，厨房师傅早已把面和好、馅儿调好，需要大家参加的工作主要是擀饺子皮和包饺子，因为工作量比较大，所以人手少了应付不来。擀饺子皮的都集中在厨房里，在案板两侧一字排开，俨然一个小手工作坊。在这种场合大家的情绪都比较高涨，因为连绵不断的阴雨和单调的海上生活带来的身体上和心理上的不适一扫而空，人人脸上洋溢着轻松、快乐的表情，一边说着笑着，一边用有粗有细、长短不一的擀面杖将手中的小面团加工成薄薄的面皮儿，动作有快有慢，擀成的面皮儿则形态各异，有的圆，有的椭圆，还有的则是各种稀奇古怪的形状。擀皮儿比较慢或者技术不是太好的，就干脆藏拙，承担起运输的任务，将擀好的面皮儿集中起来，送给负责包饺子的人们。

包饺子集中在餐厅，三五个人围着一个餐桌，桌上摆着饺子馅儿、饺子皮儿，包好的饺子则整整齐齐摆放在一边。一般年龄较长者技术比较熟练，包出的饺子大小均匀，外观也比较美观，而年轻人因为生活经验比较少的缘故，一是速度比较慢，二是包出的饺子外形五花八门，但大家的态度都很认真，有些年轻的小伙子，手上的动作虽然比较笨拙，但同样一丝不苟、神情专注，与在显微镜下观察样本或者填写观测数据时的模样一般无二。还有的则以老带新，手把手地教着包饺子的基本技术，教的人认真，学的人仔细，虽然难以速成，但其中的乐趣却生动而鲜活地写在了每个人的脸上。有些人脸上不小心弄上了面粉，看上去却不显得滑稽，反而是有几分可爱了。由于人多，所以仅用了一个小时，饺子就包完了，离吃饭还早，但很多人并没有散去，继续留在餐厅里，一边等着饺子出锅，一边儿说笑聊天，享受着难得的休闲时光。等到吃饺子时更是热闹，热腾腾的饺子一端上来，大家蜂拥而上，现场往往会有一些小混乱，在这样的气氛下，似乎每个人都会多吃一些，即便吃得并不多，也是很开心的样子，因为这种热闹与亲切，让人恍然有了家的感觉，而这似乎比久违的阳光更让人感觉温暖。

自制灌肠改善生活

"东方红2"船上健步行

海上健步行

海风

　　调查船上空间有限，出海人员缺乏活动空间，一直是个让人头疼的问题。住舱面积狭小，一般单间也就五六平方米，放下床、桌椅和储物柜后，剩下的空间仅可容身而已，如果是双人间、多人间就更加局促。室外后甲板稍微宽敞一些，但那是出海期间的作业甲板，大部分时间都属于作业区域，无关人员不可进入；非作业时间也堆满了各种器材、设备，可供人活动的空间几乎没有。前甲板大舱盖占了相当大的面积，剩下的空间分布着各种船上设施，人在其中勉强可以站立行走，活动时稍不留心就容易磕了胳膊碰了腿，而且在航行期间，前甲板风会比较大，基于安全考虑，不宜久留。因此，"东方红2"船四层甲板绕船一周、不足百米长的走廊，就成了船上唯一比较适合锻炼的地方，船上健步行也就成了出海期间的标配健身项目。

健步行时间一般选择在早晚。早晨以年长的船员居多，他们长年出海，很多陆地上的生活习惯也带到了海上，比如早起、晨练。偶尔有调查队员参与其中，船员会叮嘱他们脚步一定要轻，因为晚上值夜班的船员早晨正在休息补觉，绝对不能打扰，这是纪律。下午或者傍晚人就比较多了，一是因为这个时间大家忙完了一天的工作，需要换种方式活动活动筋骨；二是在亚热带或者热带海区，只有这个时间可以室外活动；第三个原因则是刚吃过晚饭，稍事休息后走动走动有利于消化。刚开始是一两个人，慢慢地，原来站在船舷边聊天的一个个参加进来，队伍越来越长，有时候甚至首尾相望，所有人都踩着一样的节奏，与在操场列队行进一样，错了要及时调整，否则很容易踩了前面的脚后跟。中间有的人走得快，会找合适的位置"超人"。大家一边走一边聊天，有的年轻人则戴着耳机听着音乐……海风吹着，以至于走到忘我，从太阳西坠可以一直走到夜色慢慢在海面弥漫开来，回到室内，爱热闹的在餐厅打打牌、看看电影，喜欢清静的回屋听听歌、看看书，然后洗个澡，便是海上完美的一天。

船上健步行想象中很美好，但也受限。因为走廊很窄，旁边是栏杆，碰上天气不好或者海况恶劣时，船左右摇晃，甲板也会潮湿打滑，比较危险，所以禁止室外活动。另外，很多第一次上船的调查队员开始因为新鲜跟着走，往往走一两次就没了兴趣。

所以健步行的队伍除了几个核心成员外，其他人员随机参加，队伍时长时短……不论如何，对于参加过的人而言，这也是"东方红 2"船上生活中比较重要的记忆了。

除了健步行，大家还因地制宜、就地取材，开发出了好多健身方式，比如在台阶上压压腿、大舱盖上做做俯卧撑，或者在横杆上拉几个引体向上……即便不能室外活动，也可以在船上的简易乒乓球室打打球，或者用自带的跳绳、哑铃等器材开展室内锻炼。唯一的目的就是闲着的时候不能"闲着"，毕竟美好的生活和工作都需要以健康的身体为本钱。

现在大家流行远足或者 citywalk，似乎行走又成了时髦。可我总觉得，不管是环境优美的河畔，还是设施完善的公园，都不如"东方红 2"船上狭窄走廊里的"shipwalk"来得更美好，更让人留恋。

因地制宜，锻炼身体

"来，加把劲儿！"

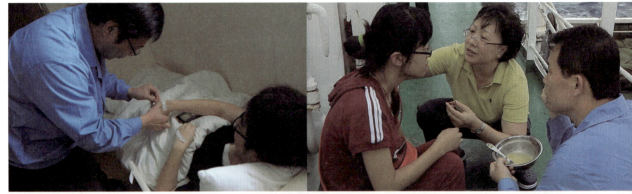

随船医生为队员诊治　　　　　　　　带队老师和船员帮助晕船队员

晕船

海风

"自助"输液

　　对于大部分出过海的人来说，如果你问他在海上遇到的最痛苦的事情，恐怕就是晕船。

　　与从来没出过海的人聊起来出海的事情，往往聊得最多的事情之一就是晕船，可见晕船这件事情的可怕。我属于那种天生不晕船的极少数人，所以对于晕船没有任何概念，但见过太多晕船的人的样子，也听过他们说晕船的感受。晕船的人一眼就能看出来，面色苍白、双目无神、言语无力、走路踉跄，听他们说就是头昏脑胀、恶心欲呕、茶饭不思、夜不能寐。大部分晕船的人，适应一段时间就能好转，也有少数很长时间无法缓解，不能正常饮食，导致身体营养出现问题，这时就需要医生介入。还有一个非常现实的问题，出海晕船的人不能像在岸上那样身体有恙可以请假休息，而要坚守岗位、坚持工作。因为调查船载员有限，出一次远海的机会对于很多课题组而言非常宝贵，因此很多航次申请上船的课题组很多，特别是对于一些综合性水体调查航次更是如此。这就导致一个航次为了能让更多的课题组上船，分配给每个课题组最终上船的员额是非常

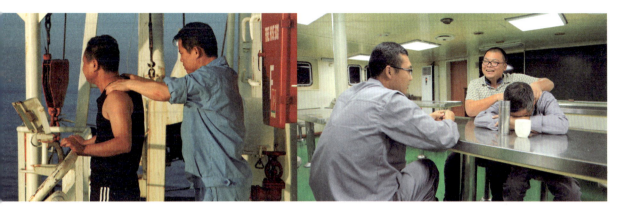

工作之余，互助"按摩"

有限的，每个人都带着任务，即便一个人身体不舒服，也需要坚持上岗，因为别人没有多余的时间和精力来替你完成工作。所以，对于大多数出海的人而言，晕船往往是他们需要克服的第一道难关。

出海期间，除了航渡与避风，其他时间要么在作业，要么就在前往下一站的路上。两个大面站之间如果距离 60 海里，按平均航速 10 海里计算，需要 6 个小时，这期间需要把上一站位所取得的样品全部处理完毕，所以像海洋化学、海洋生物等项目组，如果赶上深水站水样比较多，处理完上一个站的样品，下个站位基本就到了，中间不会有多少休息时间。再赶上一些重要海区需要加密观测，或者做连续站，那就要连轴转了。所以这时候如果晕船，没有别的好办法，只能坚持，听说过很多队员在船上作业期间左手呕吐袋、右手采样瓶的感人故事。当然，出海期间，一个项目组、一个调查队乃至整艘船上的所有成员，都是一个整体，大家互相支持、互相帮助、互相鼓励，甚至在一些特殊情况下相互补位，都是很正常的，晕船的人在虚弱的时候心理上得到支持、安慰和温暖，可以更好地克服困难，尽快适应船上生活。强调集体、团队合作，也是"东方红 2"船这么多年出海执行这么多航次的调查任务，都能顺利、高效完成的根本原因之一。

除了晕船之外，出海期间还会遇到其他的突发状况，比如人员受伤、伤风感冒、拉肚子，这些随船医生基本都能处理。但遇到比较严重的情况，若船在近岸可以就近靠港，如果执行的是深远海任务，返航的话不仅损失巨大，还会对整个航次造成严重的影响，这种情况下需要及时与岸上联系，以尽快确定应急处理方案。所以，调查船的运行有一套船地协同体系，这个体系的良好、高效运行，是调查船安全、圆满地完成各项任务的底气。

钓鱼

海风

生平第一次钓鱼。

在此之前的日子里，船一直在走航，要么航渡，要么跑测线，虽然人不用出力，但总是处在起伏飘摇的状态中，所有人都已疲惫不堪。这几天为了避风，终于停船，整整一天，就在海上漂着，而且风浪较昨天也小了不少，许多船员和调查队员纷纷取出钓具，聚集在迎风一侧的甲板上开始钓鱼，很快就各有所获。没有钓具或者对钓鱼不感兴趣的人就走来走去，穿梭于钓客中间，查看、比较、品评着别人的收获，比自己亲手钓上鱼来还要兴奋。

跟别人说起出海的经历，听者问得最多的两个问题，一是晕不晕船，二是钓不钓鱼。至于后者，我们需要向对方解释，船去的都是深海，不像在岸边钓鱼那么容易。但对于经常出海的人来说，船钓也不是新鲜事儿。最常见的就是到了晚上到站作业的时候，船员会在船边用长长的网捞鱿鱼和飞鱼，这不仅需要耐心、技巧，也是力气活儿，杯口粗的杆子长四五米，加上网，扎进水里快速捞起来，一次又一次，时机、力量都要恰到好处，大部分人都不能胜任。用网捞对付的是跑到水面的鱿鱼，对于潜在深处的就要用专门的鱿鱼钩去钓了。除了鱿鱼，晚上还会钓到鲨鱼，但比较少见。白天停船时，有时候会看到"斧头鱼"在船边追逐飞鱼，这时候抛钩入海，随便挂点儿腥物，鱼极易上钩。钓到的鱿鱼，对于比较小、比较嫩的，就简单处理一下，开水一烫，用食醋、大葱和少许红油辣子一拌，就是无比的美味。如果鱼比较大、比较多，就会处理后挂起来晒成干货储存。

我以前从未有过正式钓鱼的经验，一是没有渔具，二是没有时间。前几次出海，每到停船就开始作业，也正是我要开始忙的时候，所以根本没有机会。这次，看大家热情高涨而且都收获颇丰，我也从隔壁小伙子那里借来鱼钩，从随船医生那里讨

来鱼饵，加入钓鱼的队伍中。看别人钓得容易，自己一试才知道并不简单，钓鱼首先要心静，因为这是人与鱼的互动游戏，在暗蓝色的海面之下，你不知道鱼在哪里，要耐心等待，要是心浮气躁，你急鱼不急，最后输的肯定是你，对于刚开始钓鱼的人这等待无疑成了一种考验与折磨。另外还需要经验与技术，用多大的铅坠、用什么鱼饵、什么时候开始收线都是决定能否钓上鱼的技术要点。铅坠小了、轻了，会随着湍急的海流漂出去，大部分鱼都在较深的水里，鱼饵沉不下去就不可能钓到鱼，铅坠太重了，又会增加收线时体力的消耗，而且会影响鱼咬饵时的手感；其次鱼饵也很重要，如果你用了不合适或者不新鲜的鱼饵，鱼是不会睬你的；最重要的是，你要知道什么时候开始收线。一根细细的鱼线几十米上百米放出去，全靠扯着鱼竿的手去感觉有鱼上钩时那一下轻微的抖动，还要学会区分这抖动是不是由于海浪或者风的冲击而造成的，这个时候特别需要凝神静气，把全部注意力集中到牵着鱼竿的手指上，不要被别人钓上鱼来时的动静所干扰。

人在注意力特别集中的时候，感觉也会特别敏锐。当你静静地扯着鱼线等待着的时候，突然从深深的海底传来一丝微弱的抖动，如同音乐家的手轻抚琴键，触动了在紧张与不安中期待着的心弦，一种激动与兴奋同时又有些紧张、怀疑的情绪，立刻如潮水一样在心底弥漫开来。随着线一点点儿往回收，这种情绪也越来越高涨，等到透过清澈的海水，已经可以隐约看到灰白色的鱼影了，那一点儿怀疑也不翼而飞，取而代之的是无以言说的快乐，但这时还不能放松，曾有鱼已经提到船边上又挣脱逃掉的先例，只有等鱼已入手，才算大功告成。当然也有失望的时候，但这种失望并不会维持多久，因为没有时间让你过多地纠缠在上一次的失败里，而且不夸张地说，在这个游戏里，似乎连失败都让人觉得可爱，只要你不过多地计较别人又比你多钓了几条。

也许是我运气好，也可能是这个海域鱼比较多，几个小时下来，我颇有收获，钓上来的鱼直接被邻居拿回屋处理干净，然后下锅炖上。晚饭时间，一锅极鲜美的鱼汤已经炖好，仅仅闻着味道就让人食指大动，欲罢不能。此等快乐，竟让人忘了身处茫茫大海之上，离家万里！

海上一日

海风

　　船启航后，一直向东，受西太平洋台风的外围影响，风力逐渐加大到 12 米每秒，涌浪高两三米，船身左右倾斜明显，由于是顶风逆水，船速只有不到十节。由于海况不好，甲板上很少看到人活动，大多在船舱休息。几只海鸥在船头迎风滑翔，凭借逆风的升力在空中保持姿态，只有头部左右晃动察看着海面，看到有飞鱼受惊跃出水面，它们就互相呼唤着，一个优美的转身，然后俯冲，离弦箭一般冲向海面，在波峰浪谷间穿梭，追逐着在水面滑翔的鱼儿，成功率十之一二。风在耳边呼啸如奔雷，其他的声音盖不可闻，在风中艰难地靠在船舷上，看船经过后激起的浪花被风一吹，便有一片水雾弥漫开来，在阳光的映照下，一段段彩虹倏忽隐现。

　　在海上，整天看到的都是浩海无垠，四顾苍茫，能欣赏的风景其实有限。如果说有什么让大家印象深刻的景色，大概就是日出日落了。

　　看日出当然要早起。揉着睡眼走到甲板上，看东方的天空有很厚的云层，一片片形状不一，只在空隙里透出一点儿灰白。慢慢地，灰白色的天空越来越亮，

海上日出

天际线已经变成了暗红色，云层也不再是完全漆黑的一团，开始显露出浓淡不一的层次与轮廓，仿佛被水彩濡染了一般。暗红色逐渐淡了、亮了，并向周围扩散浸润，更多的云层被染上了深深浅浅的颜色，从内到外，橙黄、亮粉、玫瑰红、淡紫……不同的色彩在天空中跳跃着、涂抹着、变幻着，如一首旋律明快的乐曲，浑厚凝重的低音、和缓流畅的中音、欢快明亮的高调和婉转抒情的和弦无不齐备……在这音乐的伴奏下，一束束光破云而出，如同一把把温柔的长剑，划破整个天空，原先暗淡的云层明亮起来，模糊的海面清晰起来，而且正有无数的浪花在翻腾、涌动，仿佛万千双手在为了这新的一天光明的到来而欢呼高唱，太阳已经出来了，却仍如害羞一般，扯过一小片被它映红了的云霞，挡了半个脸，留下另一半偷偷在窥视着，而它的光，已经使目之所及的世界完全蜕掉了夜的衣裳，天空、大海、航船和船上人，都沐浴在这清新明澈的光的映照中了。

太阳刚刚升起不长时间，气温就快速升高，阳光的炙烤和潮湿的空气让人站在甲板上会感觉到一股股热浪扑面而来，不时的急雨又会让大家措手不及。在作业的间隙，如果不惧日晒，可以站在舷边，看天空云聚云散，聚则如城如山，上如堆雪下似灰铅，积聚到一定时候，便会有丝丝缕缕的纱幕从云底飘洒下来，模糊了云天与浩海的界限；散则如絮如棉，在天空挤挤挨挨，变幻着形状，不时遮住了阳光，在海上投下大片起伏的灰影。这是我最喜欢的风景，天空、阳光、白云与大海共同进行着光与影的游戏，一览无余，极目抒怀，又千变万化，不可捉摸，简单、朴素、美到极致又无法言说。到了正午，室外更是热浪袭人，平静的海面反射着阳光，更增加了热度，在室外时间一长，暴露在外的皮肤就会感受到一阵阵轻微的痒痛。然而，平静的太平洋的风景还是非常美的。天上疏疏朗朗的白云，悠闲地漂荡，一望无际的平静的海面在微风下荡起柔波，映着深蓝的天际，汪洋的碧翠逼人眼目。但这碧翠却不是僵硬而冷冰的，而是柔软而鲜活的，那柔波间跃动着，正是深蓝海洋的脉搏。阳光洒在了上面，被揉成万千个闪亮的精灵，欢快地舞动，你仿佛能听到轻盈的乐音回响和无忧无虑的欢唱。

今天的作业内容不多，难得的放松。船员们也没有像往常一样忙碌，正好有时间可以处理一些杂务：洗衣、理发等。在船上理发都是自助，由手比较巧的船员为大家服务，发型可以自选，或者交给理发师自由发挥。经过餐厅的时候，看到水手长在给人补鞋，还有几个队员在戴着耳机打游戏。船上日常的娱乐比较简单，除了每天晚上的餐厅影院就是打牌，人员比较固定，属于小范围的。对于大多数人而言，出海期间如何打发独处的时间，也是一种考验。

到了傍晚，经常可以看到很美的晚霞。每天都有朝阳，也有日落，每天都是新的，即使将要逝去的辉煌，也日日不同。看那海天相接处，山峰般的云堆在海面上，太阳渐渐隐于其后，云遂变成暗黑。在云的顶端，有几缕丝状的云絮，呈现出斑斓的色彩，在薄暮微明中溢金流彩，宁静而绚烂地绽放着色与光。太阳一点点下坠，色彩也渐渐黯淡，仿佛是一曲终了的绕梁余音，弱了，淡了，牵扯着人的神经，不忍别离。自然是慷慨的，时时处处都有不言之大美在；自然又是吝啬的，只把这美呈现短短的一瞬，给有幸有心的人看，错过了，永不复见。

当最后一抹夕阳在天际渐渐隐没，新月的辉光淡淡地洒下来，天海都笼罩在若隐若现的朦胧里。晚饭后，走到船前，在还带着一丝温热的甲板上坐下来，当眼睛渐渐习惯了周围的环境，月的清辉下的世界便渐渐呈现在眼前。抬起头，一弯新月悬于中天，慷慨地把太阳赠予的光洒在这浩渺而宁静的世界，这光没有阳光那么刺眼夺目，也没有那么炎热，而是那么柔软，如一袭轻纱，如湿润的眼眸，如夏夜的晚风，如秋虫的呢喃……在这光里，你似乎拥有了一个全新的世界：如天地初开一般简单而完美，不染纤尘。还有星空呢，在月的周围，星星点点，似暗的夜空中点缀的宝石。我不是诗人，不是歌者，不是画家，只能静静地看着、闭上眼睛冥想、倾听，语言的贫乏与苍白让我放弃了去描述她、歌咏她的任何企图。我只是安静地坐着，还有谁，在这个时刻，在这个地方，与我一样静观这样的世界？

一直坐到新月半悬，散星朗照，不知过了多久，却并不觉得单调。林清玄形容满月有一个至为精当的词语，"圆明朗彻"。"圆明"诉诸感官，"朗彻"指向心灵。今晚的月亮，则可称得上是"弯明朗彻"了。圆月自然是美的，它是一种极致，但毕竟短暂且至极而亏。与之相对，"月半弯"却是一种常态，虽不完美，却一样清朗、透彻，正是在不完美的状态中，不以瑕而掩玉，不以缺而弃本，并始终保持趋向完美的方向与态度，这或许是比完美本身更有意义和价值。

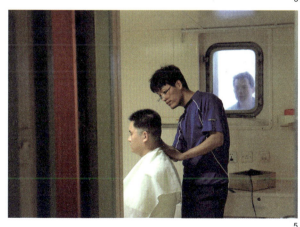

1 夕阳下的"组会"

2 甲板"夜话"

3 勾级"对抗赛"

4 船上演唱会

5 海上"理发师"

6 自助补鞋

船员"晨练"

调查队员黄昏"小憩"

停靠在青岛奥帆基地码头的"东方红2"船

领航

"东方红3"
新型深远海综合科学考察实习船

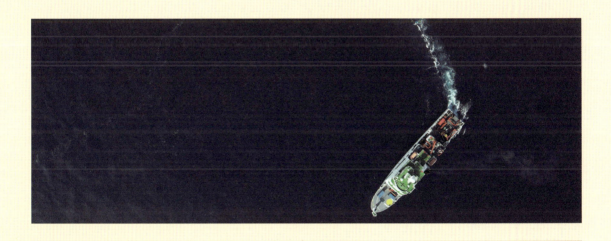

总长：103.8 米　　　　型宽：18.0 米

设计吃水：5.7 米　　　　总吨位：5602 吨

经济航速：12 节　　　　续航力：15000 海里

自持力：60 天　　　　　定员：110 人

实验室：

大气环境实验室、大气探测与遥感实验室、海气通量实验室、CTD 实验室、

化学洁净实验室、盐度计室、通用洁净实验室、走航海水分析实验室、通用

干湿实验室 1、通用干湿实验室 2、通用干净实验室 3、数据处理实验室、

仪器集中控制室、地球物理实验室、温控实验室、重力仪室等

▪ 建造入列

2011 年

11 月，学校校长办公会研究深远海综合科学考察实习船建设事宜。

2012 年

10 月，学校明确"东方红 3"船"深远海"和"人才实训"的定位；重点强调学科、研究和人才培养的综合性，重点围绕水体做综合研究。

2013 年

1 月，学校报送《中国海洋大学关于报送新型深远海综合科学考察实习船'东方红 3'项目建议书的函》。

3 月 21 日，中国海洋大学"东方红 3"船建设工作领导小组成立。

4 月 27 日，《新型深远海综合科学考察实习船（"东方红 3"船）建设项目可行性研究报告》通过评审。

9 月 3 日，学校呈报《中国海洋大学关于报请审批新型深远海综合科学考察实习船（"东方红 3"船）项目可行性研究报告的请示》。

10 月，教育部批复同意学校新建新型深远海综合科学考察实习船"东方红 3"船项目。

11 月 25 日，"东方红 3"船建设工作领导小组成立，同日成立"东方红 3"船建设工程部。

2014 年

4 月 29 日，新型深远海综合科学考察实习船（"东方红 3"）船建设方案（设计任务书）通过专家论证。

5 月 4 日，学校呈报《中国海洋大学关于报送《新型深远海综合科学考察实

校长办公会决议通知

（2011—78）

船舶中心：

校长办公会研究了深远海综合科学考察实习船建设事宜。

会议研究决定：深海大洋是关乎国家未来资源和安全保障的重要战略领域，我国目前极度缺乏从事深海大洋研究与开发的高端创新型人才。考虑到"东方红 2"船已经超负荷运转且其设计无法满足深远海科考和人才培养需求，请闻葡副校长牵头，召集船舶中心、"985 工程"办公室等部门积极准备预研，加紧向教育部汇报并申请国家立项建造一艘具有全球航行、多学科交叉、适应于深远海作业等能力的深远综合科学考察实习船（拟命名为"东方红 3"船）。

特此布达，请遵照实施。

此件同时送"985 工程"办公室。

校长办公室
2011 年 11 月 29 日

第 1 页 共 1 页

中华人民共和国教育部

教发函〔2013〕145 号

教育部关于中国海洋大学新建新型深远海综合科学考察实习船（"东方红 3"船）项目可行性研究报告的批复

中国海洋大学：

《中国海洋大学关于报请审批新型深远海综合科学考察实习船（"东方红 3"船）项目可行性研究报告的请示》（海大学〔2013〕16 号）收悉。我部组织专家对该项目可行性研究报告进行了评估。根据专家评估意见及你校反馈情况意见，经研究，现批复如下：

一、根据你校事业发展需要，为进一步服务国家深远海能力建设战略需求，满足国家高端海洋人才培养的需要，打造深远海复合型创新人才海上综合实习实训平台，同意你校新建新型深远海综合科学考察实习船（"东方红 3"船）项目。

二、该项目为新建一艘 5000 吨级新型深远海综合科学考察实习单体船，主要由船船系统和船载探测与实习实训系统构成。

三、该项目总投资 68980 万元，所需建设资金通过申请国家投

法律法规及《教育部直属高校...号》，切实加强建设项目管理...理监理制、合同管理制，严格控...标。

...远管理，使该船的技术水...进水平，满足国家对深远海高...研究与高新技术研发的重大

...深远海综合科学考察实习船...事项核准意见

2013 年 ... 月 27 日

2013 年 10 月 10 日印发

1　2011 年 11 月，校长办公会决议通知
2　2013 年 10 月，教育部批复文件
3　2014 年 4 月 29 日，"东方红 3"船建设方案通过专家论证

1

2

1 2014 年 9 月 28 日，"东方红 3"船项目船舶设计指标预备会
2 2014 年 11 月 6 日，"东方红 3"船设计合同签署
3 2015 年 11 月 10 日，"东方红 3"船建造开工

习船（"东方红3"船）建设方案（设计任务书）》。

9月29日，"东方红3"船舶设计项目开标评标。

11月6日，学校与中国船舶工业集团公司第708研究所签订"东方红3"船舶设计委托合同。

12月9日，"东方红3"船建设指挥部成立。

2015 年

3月，"东方红3"船建设工程部人员赴荷兰进行船模实验。

7月10日，"东方红3"船方案设计通过专家评审。

10月27日，"东方红3"船舶建造招标开标。

11月10日，"东方红3"船舶建造合同签约并开工。

12月18日，"东方红3"船上船台。

2016 年

10月25日，"东方红3"船连续生产启动。

1 "东方红3"船建造合同及入级签约

2 2015年12月18日，"东方红3"船上船台

3 "东方红3"船模荷兰MARINE水池实验

4 2016年5月，指挥部在造船厂做关于加强质量控制的报告

5 2016年10月25日，"东方红3"船启动连续生产

6 轴承座开箱验收

7 钢板测厚

8 巡检

9 桨叶加工

5

6

7

8

9

2017 年

1 月 18 日，分段建造质量大检查。

6 月 6 日至 13 日，"东方红 3"船各专业组设备论证会。

7 月 14 日，"东方红 3"船内装及实验室设计方案基本确定。

11 月 22 日，"东方红 3"船 2017 年度船载设备项目开标。

1	2017 年 1 月，驻厂工作组进行分段结构完整性检查	5	船用阀门开箱
2	2017 年 3 月，驻厂工作组现场巡检	6	分段评估复查
3	2017 年 3 月，升降鳍板外检	7	阻尼材料试验
4	分段专家组评估	8	制造部焊工考核

3

4

5

6

7

8

1 2017 年 4 月，分段接头检查

2 2017 年 5 月 23 日，多层多通道焊接评估

3 2017 年 5 月 26 日，分段密性试验

4 2017 年 5 月 27 日，船台中心线确认

5 2017 年 6 月 26 日，"东方红 3"船建造进入船台搭载
连续生产阶段

6 2017 年 8 月，驻厂工作组巡检

5

6

1

2

3

4

1 　2017 年 8 月 29 日，分段称重

2 　2017 年 11 月 6 日，涂装报验

3 　2017 年 11 月 23 日，轴舵系拉线照光

4 　2017 年 12 月 5 日，驻厂工作组第四次大巡检

5 　2017 年 12 月 11 日，发动机吊装

6 　2017 年 12 月 12 日，主轴检测

7 　2017 年 11 月 20 日，副校长、"东方红 3"船建设工程部总指挥闫菊考察"东方红 3"船建造进展

8 　2017 年 12 月 27 日，安装螺旋桨

5

6

7

8

2018 年

1 月 7 日，"东方红 3"船全船 45 个分段全部完成船台搭载。

1 月 16 日，"东方红 3"船下水。

5 月 26 日，"东方红 3"船二次进坞，全面进入科考设备安装阶段。

12 月，"东方红 3"船试航。

1 2018 年 1 月 15 日，船台上的"东方红 3"船
2 2018 年 1 月 16 日，"东方红 3"船下水暨命名仪式组图

2018 年 1 月 16 日，"东方红 3"船在上海江南造船厂下水

1　2018年4月，副校长、"东方红3"船建设工程部总指挥闫菊考察"东方红3"船建造进展

2　2018年4月，操控支撑系统开箱

3　2018年5月，"东方红3"船二次进坞

4　2018年6月，安装全海深多波束、ADCP等科考支撑系统

3

4

2

1   2018年6月22日，船坞中的"东方红3"船
2   2018年12月，"东方红3"船试航组图

2018 年 12 月，"东方红 3"船试航

依托中国海洋大学近 60 年海洋调查船设计、建造、管理及运行使用经验，集几代海洋科研人员、工程人员的智慧，"东方红 3"船的建造无论是设计理念、建造技术标准，还是调查装备、生活设施配置，都坚持高标准、确保先进性，使其跻身国际一流调查船行列。

1

2

3

4

5

6

7

8

9

10

1	会议室	6	驾驶台
2	餐厅兼教室	7	通用干湿实验室
3	集控室	8	CTD 室
4	阅览室	9	数据处理实验室
5	机舱	10	仪器集中控制室

2019 年

5 月 10 日，新型深远海综合科学考察实习船"东方红 3"船交船。

5 月 30 日，"东方红 3"船启航，赴南海开展科考试航，并执行相关科考任务。

8 月 17 日，"东方红 3"船抵达青岛，靠泊奥帆中心码头。

10 月 25 日，建校 95 周年校庆之际，"东方红 3"船正式入列。

1

2

1　2019年4月，校长于志刚考察"东方红3"船建设进展及交船准备工作

2　2019年5月10日，"东方红3"船交船

3　2019年5月10日，校长于志刚、副校长闫菊看望"东方红3"船驻厂工作组全体人员

4　2024年5月，"东方红3"船建设工程部总指挥闫菊（中）与工程部部分工作人员在码头与"东方红3"船合影

4

5

1 2019年5月30日,"东方红3"船启航仪式上,颁发船舶入级CCS证书

2 颁发船级社盾牌

3 颁发静音科考级Silent-R证书

4 党委书记田辉在"东方红3"船交付启航仪式上看望船长和船员

5 领导和嘉宾为"东方红3"船启航剪彩并考察实验室

2019年8月17日，"东方红3"船圆满完成科考试航及首次科考任务抵达青岛，靠泊奥帆基地码头。图为"东方红3"船航行在青岛浮山湾

1 2019 年 10 月 25 日，建校 95 周年校庆之际，"东方红 3" 船正式入列。
  图为学校党委书记田辉在入列式上致辞
2 "东方红 3" 船入列仪式现场
3 入列式上，校长于志刚为 "东方红 3" 船授旗
4 船舶中心主任王毅向中国科学院院士冯士筰介绍船舶性能

3

4

学校 2019 年校长特殊奖励"突出贡献奖"颁奖词：

"东方红 3"船建设工程团队：

创造性地推出了"船东＋设计院＋船厂＋船级社＋众多国内外第三方技术支持单位"共同全程参与、分段主导、协同攻关的建设模式，首次在科考船设计与建造领域打造并推广应用了《"东方红 3"船建设全过程质量控制 ING 方法》，船舶各项性能技术指标以及船舶水下辐射噪声、船舶振动与噪声、船舶电磁兼容等环境参数控制值均达到了世界先进水平，部分达到世界领先水平，成为构建"透明海洋"的坚实保障和建设海洋强国的国之重器。特授予"突出贡献奖"并颁发 2019 年度校长特殊奖励，以资鼓励。

青岛之夜，"东方红3"船靠泊在奥帆码头，船上灯光与青岛前海璀璨夜色相映生辉

■ 党建领航

　　船舶中心党总支在学校党委的坚强领导下，始终坚持以党建为统领，全面贯彻落实高校基层党组织工作条例，把思想教育、党性教育全面、深入融入业务工作中，通过抓党建促安全运行，抓党建促改革创新，抓党建促高质量发展。创新工作思路与模式，促进科考船运行与党建工作"同频共振"，用思想淬炼和党性锤炼的党建成果促进一流科考船队运行体系建设。

　　党总支以提升基层党支部党建工作质量为目标，落实领导班子成员和党支部书记党建工作责任制；通过"三会一课"和主题党日等活动加强政治理论宣传、学习和贯彻落实，进一步提高党员的先锋模范作用和党支部的战斗堡垒作用；结合党员主体常年在深海大洋一线作业、岗位人员流动性强等情况，深化和完善"固定组织关系与流动组织生活相结合"的船舶党支部运行机制；着力推进一线党支部的品牌建设，提升船舶党建工作质量水平，打造"东方红海上堡垒"党建品牌；积极探索"党建＋海上科考""党建＋海上实践教学"等创新融合发展模式，打造人才培养的海大模式和一流海洋科考品牌。

　　"东方红"船队党支部连续多年被评为学校先进党支部，"东方红3船"党支部主题党日活动连续两年被评为学校主题党日优秀案例，近5年针对科考船关键岗位人员发展党员11人。

1　2019年9月26日，教育部副部长翁铁慧在"东方红3"船会议室听取学校工作汇报
2　党委书记田辉向翁铁慧副部长汇报学校主题教育开展情况

1

2

"东方红 3"船系列党课

1

1　校际、校地共建
2　党建活动丰富多彩

2

▪管理运行

1

　　与"东方红2"船相比，"东方红3"船从航行设备到科考装备有了革命性的升级换代，对船舶管理和运行都提出了更高的要求。在船舶中心精心谋划与统一调度下，突破常规做法，创造性实现了"东方红3"船交付、试运行、科考作业的无缝衔接与并行推进，实现了"交付即运行、交付即作业"的理想目标，交付当年，"东方红3"船执行了7个科考航次任务，涉及渤海、黄海、东海、南海及其他西北太平洋海域，航行25657海里，在科考船管理运行领域实现了新的突破。

2

3

1 2019 年校庆期间，学校党委书记田辉与科研院所领导考察"东方红 3"船
2 2019 年 8 月，中国科学院院士、副校长吴立新考察"东方红 3"船综合科考性能
3 2019 年 9 月，船长蒋六甲向副校长闫菊汇报科考试航情况

1　2020 年 12 月，教育部部长陈宝生考察"东方红 3"船
2　"东方红 3"船科考试航期间驾驶台工作组照

2

"东方红3"船科考试航期间机舱工作组图

"东方红 3" 船科考试航期间实验室工作组照

"东方红 3"船科考试航期间甲板部工作组图

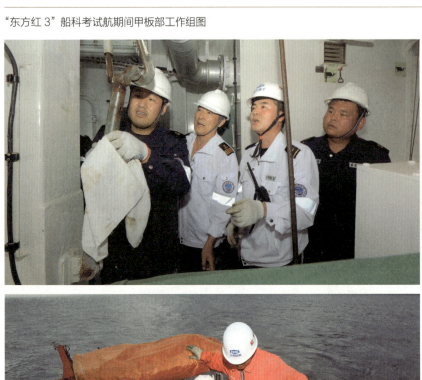

在西太平洋海域执行海洋科考任务的"东方红3"船

"东方红 3"船严格按照标准工作流程开展科考试航

▪ 教学实习

从"东方红"船到"东方红2"船，再到"东方红3"船，承担学生海上实习，为国家海洋事业培养人才始终是三代调查船的重要任务和使命。自交付以来，截至2023年底，"东方红3"船共完成实践教学航次34个，其领先的人才培养理念、成熟的船舶管理经验、先进的船舶设施平台和一流的海洋调查装备，为涉海高层次人才培养提供了更好的平台。在此基础上，船舶中心开拓思路，进一步拓展人才培养职能，创新人才培养形式，立足"全员育人"，面向全校乃至全国高校开设公共选修课海洋科考认知实践，以先进的海洋科考实习船和厚重的海洋调查文化为核心，将"东方红3"船打造成为强化海洋意识、普及海洋文化的海上思政大课堂。

1 2020 年 12 月，中国海洋大学三亚海洋研究院学生在"东方红 3"
船上开展海洋科考认知实践学习

2 2021 年 7 月，三亚海洋研究院学生海洋调查实习组图

实习心得

王子豪

  经过为期五天的海洋调查实习课程，我们对海洋化学、海洋生物、水下机器人及水文气象的走航调查有了初步的认识，明确了各个科目的随船工作，了解了进行海洋调查的意义。

  上述提到的各类调查科目中，水文气象调查是最为基础也是最为重要的一环。无论是在控制室中控制 CTD 的运行，还是在仪器下水前挂瓶检查，又或是和其余小组的同学进行水深等信息的填写，在这个过程中我们不仅认识到了团队协作的重要性，也懂得了各司其职的重要意义。对于海洋化学这一科，受制于船上独特的实验环境，实验操作与陆地实验有着较大差异。在船上我们进行了 pH 的测量、溶解氧的滴定、有机碳及营养盐的测定。除此之外，我们还学习了如何进行采样及对样品如何处理。这一过程让我们深刻地体会到了海洋化学的严谨性与真实性。对于海洋生物而言，我们进行了生物拖网和水样分析，对浩瀚海洋中我们无法通过肉眼观测的鲜为人知的浮游生物进行了调研。我们通过显微镜观察了生物拖网获得的水样，亲眼看到了螺端根管藻、纽链角毛藻、曲舟藻和透明等棘虫等浮游生物。此外，我们也对 CTD 采水水样进行固定，探究不同水深的浮游生物含量。在实训过程中，我们也接触了水下机器人，通过动手操控机器人来了解我们从未接触过的领域。

除了上述学习内容外，船上的生活也丰富多彩。我们虽然暂时告别了网络，但与身边的同学及船员老师相处得非常融洽。在学习之余，我们也参与了研究院与调查船组织的党史知识竞赛活动等。闲暇之余，我们在浩瀚无垠的大海上欣赏了旭日东升和落日熔金的景象。

作为中国海洋大学三亚海洋研究院的研究生，很幸运能够登上"东方红3"船参与此次海洋调查实习。通过这次出海实训，让我们真切地认识到海洋的浩瀚与复杂，也认识到了其对人类的重大意义；同时也让我们了解了海上作业人员的辛苦与不易。海洋生态系统作为地球上最大的生态系统之一，不仅资源丰富，也蕴含了众多的物理内容，如潮汐、内波。作为三亚海洋研究院电子信息专业的研究生，我们应该在接下来的学习中结合遥感等知识，进一步认识海洋、了解海洋。

2

1　实习学生在"东方红3"船上举行升国旗仪式
2　2023年，环境科学与工程学院、化学化工学院学生实习组图

2023 年 10 月，"扬帆海之南 行远东方红——校友子女海洋认知实践"活动组图

海上课堂

——从"出海人"到"为师者"

刘邦华

2023 年 12 月 17 日，中国海洋大学公共选修课"海洋科考认知实践"在"东方红 3"船上继续开讲，课程面向高校和科研院所师生开放共享，来自中国海洋大学、山东大学、西安电子科技大学、中国石油大学（华东）、中国科学院青岛生物能源与过程研究所、青岛大学、山东科技大学、青岛科技大学等高校和科研院所的 140 余名师生分两批登船学习。

早晨，一场强冷空气对青岛的影响接近尾声，天气晴好，风力不大，气温依旧很低，但第一次登船的同学们激动兴奋的心情都溢于言表。实践课程安排的内容非常丰富，时间宝贵，等到师生们在船上餐厅安静下来，实验室李老师和事务部王管事先后给大家介绍了调查船的整体情况并强调了登船后的注意事项。等安顿好住舱，同学们三三两两来到甲板上，以美丽的青岛为背景，以飞翔的海鸥为伴合影留念。用完午餐，同学们集中观看宣传片，然后参观驾驶室、生活区和实验作业区，深入了解"东方红 3"船，领略全球最大的最高静音等级科考实习船的风采。在这个过程中，"东方红 3"船离开奥帆基地码头，沿着青岛海岸线，驶向胶州湾锚地。为了让同学们更加深刻地体会出海的感觉，每次实践课，只要天气和海况允许，调查船都要安排离港航行，让大家观摩离港和靠泊的过程。对于一艘 5000 吨级的调查船而言，如此频繁的离港、靠泊对全船人员都是体力和精力的考验。同时，师生在船期间，实验室老师要完成分批次授课任务，事务部工作人员不仅要准备一日三餐，还要在一批师生结束学习下船后第一时间收拾内务、更换被服、补给物资……全船人员经常连轴转，工作强度和压力相对于远海科考要强好几倍。但正如研究生院常务副院长陈朝晖所说，中国海洋大学不仅要培养高端海洋科技人才，还要让更多的人了解海洋、认识海洋。本着这个初衷，自 2020 年以来，"海洋科考认知实践"公共选修课已开展 40 余批次，共有来自全国 10 余所高校和科研院所的 4000 余名师生登船学习。从学校领导到船舶中心全体工作人员，都围绕着"为国育人"这一个目标，心往一处想，劲往一处使，每次课程从内容设计到具体实施都高效、顺畅，全体工作人员不辞辛苦、互相配合，确保每一次实践课都达到了预期效果，使其成为颇具影响力的海上思政课品牌。

育人不仅仅是传授知识，更重要的培育精神。每次课程均融入"海洋强国与伟大复兴"系列思政教育内容，使认知实践课学习内容深刻而丰富。17日下午，马克思主义学院张老师以"思考海洋""海洋周边的战略环境""海大人思考海洋强国战略"为主题，为大家带来了一堂精彩的"海洋大思政课"。而船舶中心主任王毅对"东方红"系列科考实习船发展历史的介绍，让大家对国家海洋事业发展历程及取得的成就加深了认识，并对海洋调查精神及文化有了鲜活而生动的理解。

三代"东方红"船的船名里，都有"实习"两个字，意味着除了完成科考调查任务以外，教学实习、培养人才也是其重要责任和使命。"东方红3"船承担的教学实习任务基本分为两类：一是涉海专业学生的专业实习，一是非涉海专业学生的海洋认知实习。在基础设施、硬件条件大大改善的背景下，如何充分发挥"东方红3"船的育人作用，将海上实习这门课上好、上出水平、上出特色，始终是船舶中心面对的重要课题。船舶中心不断创新课程内容，开发出海洋历史文化、海洋权益保护、海洋科教事业发展及"东方红"调查船船史等一系列特色课程，建成了比较系统的课程体系，使调查船逐步从"教室"，逐步变身为"智慧课堂""资源平台"与"文化宝库"，影响力与效果日益凸显。船时有保障，内容有创新，授课人也不能仅限于"船外人"。船舶中心要求全船人员要从认识上完成从"出海人"到"为师者"的身份转变，让船上人员根据自己的岗位，用自己出海的亲身经历和体验现身说法：实验室讲解科考调查知识、组织实习实践，甲板部人员讲航海知识，轮机部人员讲调查船的秘密，事务部人员讲出海生活的点点滴滴……内容鲜活、生动、有干货，实现了真正的"全船育人""全员育人"。更为重要的是，随着广大船员认识上从"出海人"到"为师者"的转变、从原来海上教学的支持力量到亲身参与者的转变，每个人都开始意识到自己身上承担着育人的责任，自己的形象代表的是调查船、学校和为师者的形象，整个队伍的精神面貌焕然一新，船员的归属感和荣誉感明显提升，凝聚力和战斗力显著增强。现在，"东方红3"海上课堂已经成为中国海大"海味"育人的重要组成部分和突出亮点，也成为全国思政育人的优秀品牌和典型案例。

一天的课程结束，美丽的胶州湾已是夕阳西下，这时船上正组织同学们进行救生演习。身着鲜红色救生衣的同学们在甲板上整齐列队，一抹温暖的夕阳洒在他们身上、脸上，一群海鸥在调查船周围盘旋飞翔……一切都让这个寒冷冬日的傍晚，变得温暖而有力量！

2023 年 12 月，研究生公选课海洋科考认知实践联合航次

▪ 海洋科考

"东方红 3"船自 2019 年 6 月投入运行以来，截至 2023 年底，共执行 21 项深远海科考任务，总航程 20 万海里，年均在航时间 300 天，取得了系列标志性成果：国内首次获取万米深度海水及沉积物样品，获得清晰的马里亚纳海沟"挑战者深渊"海底地形图，成功在"挑战者深渊"开展万米水深极限深度海区多学科综合科考作业、完成我国首台万米水下滑翔机的布放与回收、完成我国首台大重量万米 AUV 的布放与回收，高效精准布放回收百余套次潜标，构建南海潜标观测网和黑潮延伸体观测系统，为我国海洋强国建设和海洋人才培养发挥了不可替代的作用。

南海"第一柱"

海风

2019 年 5 月底，刚刚交船的"东方红 3"船从船厂码头启航，赴南海东北部开展科考试航，目的是检验船载科考设备的性能，锻炼队伍。虽然只是试航，但新船、新设备，需要所有工作人员全力以赴，与正式科考相比，工作强度和压力无疑更大。

6 月的南海，天气、海况都不错，各项试航项目按计划有条不紊进行。最大的挑战是气温，每天早晨太阳升起来，室外甲板温度直线上升，很快就达到 30 摄氏度，与 60% 甚至更高的湿度相配合，甲板上上蒸下烤，热浪让人无处可藏，工作中一会儿工夫就汗流浃背，非常辛苦，但试航时间紧、任务重，容不得半点懈怠。

"东方红 3"船船载科考设备很多，仅海底沉积物取样设备就有箱式取样器、多管取样器和 30 米大型重力活塞取样器。其中，重力活塞取样器取样过程最复杂，要求也最高。"东方红 3"船长 103 米，30 米的取样器加上布放装置全长接近全船的一半，取样时需要多部门协调、多设备配合才能完成，检验的不仅仅是设备性能，也是队伍的专业素养与协作能力。

6 月 4 日下午，"东方红 3"船在水深 2500 米海域开始重力活塞取样器取样作业。取样器下放前，需要先使用船载浅地层剖面仪对作业区海底地质情况进行探查，选择取样地点。随后，科考船需要开启动力定位系统，以保证整个取样期间船的位置不会移动，确保取样器能够按照预设点位准确贯入海底，如果船发生位移，第一是确定的取样点就失去了意义，第二同样有可能会造成设备的损坏。取样器下放需要两部吊车同步操作，先将取样管放在托架上探出船外，然后慢慢起竖，等取样管下放后，托架收回。待取样结束，取样管上升到水面，再将托架放下，收回取样管。整个过程耗时好几个小时，取样结束时已经是夜晚，等到工作人员确认取样成功后，大家情绪高涨，似乎一天的辛苦随着白天的酷热瞬间消散而去。

正式采样作业时，样品需要第一时间进行分割放入冷冻室，避免因环境改变对样品造成不可逆的影响。这次是试采样，主要任务是检验设备性能、演练工作流程，样品处理安排到第二天上午。第一步需要先从上端将沉积物柱状样一点点推出取样管，然后切割密封，做好记录，处理完成的样品放入冷冻室保存，留待后续的实验室分析研究。样品处理需要多人协作，遵照严格的操作流程进行，后甲板上骄阳似火，工作人员汗流满面，但这项工作需要一次性处理完，中间不能停顿，因此直到中午才全部结束，经过测量，这次"东方红 3"船获取的沉积物样品长度为 23.6 米，验证了这套装置的性能。"东方红 3"船的长柱状取样器试采样成功，意味着其将来可以为我国海洋沉积动力学和古环境演化等领域的研究提供更深、更可靠的样品，有效改善高质量样品匮乏的现状。

1　2019 年 9 月，"东方红 3"船在南海进行海底沉积物取样作业

2　2019 年 9 月，中国科学院院士、副校长吴立新检查"东方红 3"船西北太平洋科考航次备航情况

3　2019 年，"东方红 3"船西北太平洋航次调查组图

　　2019年，"东方红3"船在西北太平洋海区开展了为期30天的海上调查作业。调查内容包括物理海洋与海洋气象、海洋化学、海洋生物、海洋地质等，共完成26个CTD及采水站，其中7个站位为全水深采样。

　　我国在西北太平洋黑潮延伸体海区已经初步构建了以潜标和浮标为骨架的定点观测网，需要通过每年固定的综合性航次开展断面观测，进一步维系目前在上述区域的定点观测系统。该航次完成的主要任务：一是对西太平洋某经向断面所横跨的多重纬向流系进行综合性调查，获取第一手资料，并按照Associated GO SHIP断面观测要求，获取高质量的观测数据，为今后进一步开展常态化断面调查提供依据；二是关键站位布放我国自主研发的多种移动式海洋观测平台，辅助船载断面观测，并验证上述观测仪器在深远海环境下的工作能力；三是对多个重点海域的定点观测系统（潜标、浮标）进行更新和维护。通过该航次任务断面调查的首次执行，积累调查数据和观测经验，提升找国在西太平洋多学科跨圈层综合研究能力，为"透明海洋"信息感知体系提供重要断面观测支撑。

1

1　2019 年 9 月，调查队员在西北太平洋海区布放自主设计建造的大型观测浮标
2　"东方红 3"船在马里亚纳海沟"挑战者深渊"下放 CTD

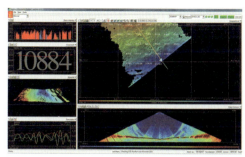

2

　　2020 年 8 月，"东方红 3"船在全球最深海域——马里亚纳海沟"挑战者深渊"，成功对具有万米水深性能的船载科考设备进行了测试，测试区最大深度超过 10900 米。此次在万米水深海域对全船科考设备开展长时间、连续集中的极限深度海试作业，在国内外新建科考船中尚属首次。

　　本次参与万米水深性能海试的调查设备包括 2 套万米温盐深剖面仪（CTD）、全海深多波束测深系统、万米单波束测深仪、深水浅地层剖面仪，同时还对科考操控支撑系统中 5 台套缆长分别为 10000 米、12000 米的绞车系统进行了深水收放性能试验。测试期间两套 CTD 分别使用直读式或自容式投放 5 次，投放深度为设备标称的最大工作水深 10500 米，获取了约 1000 升万米以下海水样品和准确的温盐剖面数据。声学设备测试完成测线总长度为 150 千米，获取了"挑战者深渊"最深海域的海底地形及地层剖面数据。在海沟的北坡，借助"东方红 3"船静音科考级的低水下辐射噪声，全海深多波束测深系统覆盖宽度达到 41 千米，超出设备标称最大覆盖宽度 1/3。海试结果表明，上述设备的万米水深性能均达到或超过了其标称的技术指标。

　　通过执行本次万米水深海试任务，历炼了"东方红 3"船实验技术队伍和船员队伍，为在超大深度、超高强度的极端工况下开展科考作业积累了实战经验，使其具备了能够快速应对和解决作业过程中出现系列突发问题的业务能力，形成了人、船、工况充分协调，技术与科学相互支撑的良好局面；进一步提升了规范化、标准化的科考船管理水平，使海洋调查设备功能与性能的先进性得到了进一步的发挥与释放，为海洋多学科观测提供了全方位的支撑手段和高质量科考样品数据的获取能力，为"东方红 3"船整体科考保障能力迈向国际先进水平奠定了坚实基础。

　　2021 年西北太平洋航次以调查海区综合环境调查为主线，共完成观测站位 26 个，总航程 6375 海里，来自中国海洋大学和国家海洋环境监测中心的 54 名科考队员参加，是"东方红 3"船自 2019 年 5 月交付以来第四次征战西北太平洋海域。本航次成功开展了系列创新性科考工作：首次完成了中国海洋大学西北太平洋多学科断面观测，实现了在副热带—混合区—副极地海区多学科、跨圈层、多手段的立体观测与样品采集；首次在高海况动力定位无法维持的情况下，采用右舷受风、艏艉侧推同时保向的做法，完成了黑潮主轴强流站位的大深度观测；进一步构建完善了黑潮延伸体定点观测系统（KEMS）；顺利回收并布放中国海洋大学自主研发的面向中纬度海区的大型综合浮标观测系统，实现了对包括二氧化碳、地球磁场、温度剖面等多要素在内的长期连续监测能力升级，并在黑潮延伸体成功布放了我国在该海区首套远洋渔业与渔场环境监测潜标。

2021 年，"东方红 3"船在西北太平洋布放的观测浮标

2021 年，"东方红 3"船西北太平洋航次调查作业组图

2022 年，"东方红 3"船在西北太平洋进行观测浮标回收作业

　　2022 年，"东方红 3"船西北太平洋海区"深海物质能量循环与生态气候效应"专项科考第二航次，完善黑潮延伸体海域浮、潜标观测系统，回收维护、重新布放系统内五套潜标以及两套浮标。首次在系统内潜标上加装沉积物捕获器并成功布放，在菲律宾以东海域回收并布放潜标 15 套次；成功布放 BGC-Argo 浮标、HM2000 型 Argo、HM4000 型 Argo、漂流式海气界面浮标、波浪滑翔器以及我国自主研发的 6000m 级深海自持式剖面浮标总计 30 余套，其中深海剖面浮标 Xuanwu 第一个 6000m 级剖面同年 8 月实现全球共享。

　　本航次设计两个断面，除断面常规走航观测外，其中 D 断面完成了 6 个全水深站位，P 断面完成了 12 个 1000 m 站位，均采集了不同层次海水样品，进行盐度、海洋化学、海洋生物等多学科、多参数样品的分析测定，其中在部分站位开展沉积物采样，为阐明西北太平洋轨道尺度范围内沉积物物源以及古环境、古气候等问题提供数据支持。该航次多学科、多圈层的样本获取，为开展黑潮延伸体海域这一碳汇核心区生态气候效应的研究提供了重要的观测基础。

国家自然科学基金共享航次"西太平洋复杂地形对能量串级和物质输运的影响及作用机理"第二航段历时 33 天，总航程 4237 海里，搭载了西太重大研究计划资助的 5 个重点支持项目，共有来自中国海洋大学、厦门大学、中国科学院海洋研究所的 44 名科考队员参加。本航段围绕"两点一线"（冷泉和热液 2 个极端环境点 +1 条跨越深海到陆架的断面）完成了水文观测、地质取样、地球物理和 ROV 深海探测等作业任务，获得了大批珍贵的原始数据和样品，包括深海 ROV 探测 14 个潜次（这也是"东方红 3"船首个作为深海 ROV 母船执行的科考航次），全水深 CTD–LADCP 观测站位 28 个，湍流剖面观测 25 次，CTD 下放及水样采集 22 次，表层沉积物取样 26 站，柱状沉积物取样 21 根，多道地震探测 960 千米。同时，在作业工区及走航过程还完成了多波束、科研鱼探仪、浅地层剖面仪、走航 ADCP、自动气象站等船载数据采集任务。

2022 年，"东方红 3"船首次作为深潜器母船开展调查作业

2022 年 8 月，"东方红 3"船在南海执行国家自然科学基金委共享航次组图

　　国家自然科学基金委"南海东北部—吕宋海峡共享航次"，于 2022 年 8 月至 10 月于南海东北部—吕宋海峡附近海域实施。该航次总航程 7746 海里，共有 40 个国家自然科学基金项目搭载，来自 18 家国内涉海单位的 99 人参与现场调查，开展了 128 个站位的物理海洋、海洋气象、海洋化学、海洋生物、海洋地质和海洋声学等多学科综合观测，获取了大量宝贵的现场观测数据和样品，对深入认知该海域复杂海洋动力与生物地球化学环境有重要意义。

　　黑潮延伸体定点观测系统进一步迈向多学科综合观测系统。2023 年第 8 次西北太平洋综合科考航次继续完善黑潮延伸体定点观测系统和西太平洋深海动力潜标观测阵列，回收、布放浮潜标 20 套次，成功布放 BGC-Argo 浮标和自主研发的 6000 m 级深海自持式剖面浮标（深海玄武）共 8 台；首次成功回收并重新布放黑潮延伸体区域沉积物捕获器，为立体观测碳汇核心区的碳输出通量提供数据支撑；顺利回收并布放学校自主研发的面向中纬度海区的大型综合浮标观测系统，提升了包括二氧化碳、地球磁场、温度剖面等多要素长期连续检测能力。

　　该航次首次完成国际 GO-SHIP 物理和化学变量的标准化观测：与崂山实验室联合开展了 150°E 断面国际 GO-SHIP 标准化水柱观测，设计并完成 9 个全水深站位和 20 个 2000 m 站位水柱中温盐、溶解氧、叶绿素 a、营养盐、无机碳体系、氟氯烃和六氟化硫等变量的测定以及表层海水和大气连续走航观测。本航次的顺利实施为开展面向西北太平洋碳汇核心区的多尺度海洋过程及其生态气候效应提供了重要的观测基础，加强了海洋观测的连续性、数据的深度分析以及国际合作的进一步深化，推动了学校"十四五"期间西北太平洋多圈层观测体系的构建进程。

2023年，"东方红3"船西北太平洋综合航次作业组图

2023 年，"东方红 3"船南海航次调查作业组图

　　"南海东北部—吕宋海峡科学考察航次"于2023年07月至9月搭载"东方红3"船完成对目标海域的夏秋季现场调查，海上作业60天，共有来自中国海洋大学、厦门大学、中国科学院海洋研究所、中国科学院南海海洋研究所、自然资源部第二海洋研究所、自然资源部第三海洋研究所、中山大学、中国地质大学（武汉）、中国科学院地球环境研究所、中国矿业大学等21所国内高校和研究机构的94名调查队员参加本航次。航次期间开展了海洋水文、气象、生化和沉积特征等多学科的综合调查，其中利用船载气象站、ADCP、海面多参数等对整个航次开展了走航观测，完成了40套次的潜标布放回收作业、33站次柱状沉积物采样、4站次箱式沉积物采样、14站次Bongo拖网、8站次中层鱼拖网、76站次CTD、3站次连续站、42站次浮游生物垂直拖网、12站次微塑料拖网，获得了大量样品和数据。同时，航次期间针对南海东北部的中尺度涡对，设计了2个连续站和10个大面站，结合航次布放固定观测设备开展了多学科综合调查，取得了宝贵的观测数据，探究了亚中尺度过程与中小尺度过程能量串级、物质输运及其生态与沉积效应。

▪ 船上生活

南海上的怀想

海风

　　我对出海似乎是有一些执念的，这种执念大约是来自以前出海的经历。从2012年我跟随"东方红2"船第一次出海，到2016年止，总共7个航次，总计天数接近360天。因为我不晕船，出海工作相对简单，又不让人讨厌，所以几十天的海上生活于我而言大多数情况下不是困难和艰苦，反而是一种享受，唯一需要克服的仅仅是长时间出海相对单调的生活节奏带给人的困扰而已。2019年，"东方红3"船下水，我又跟随新船出海两次，航次时间较短，总计40余天。后来就是疫情，三年时间蜗居于陆，再没出过海，于是念念不忘。

　　所谓念念不忘，必有回响。2023年我刚从西藏回来不久，又得到一次去南海跟拍15天短航次的机会，于是不顾旅途劳顿，欣然成行。

　　我们从厦门码头乘交通船，登上停泊在锚地的"东方红3"船，距离上一次站上"东方红3"船的甲板，已经过去整整三年。三年未见，上船如同故友相逢，一切都那么熟悉而亲切。下午3点启航，船慢慢驶出锚地，海面从黄绿色很快变成青绿、淡蓝、深蓝、墨蓝……回头望，海岸线渐渐远去，越来越淡，化成海天相接处的一抹水墨颜色，一群海燕子在船尾上下翻飞，不时俯冲向海面，转眼又在空中鸣叫盘旋，似乎在为我们送行。登上最顶层甲板，看着浩瀚的大海，伸开双臂，任海风吹过耳畔，拂过脸颊，在一个瞬间我甚至感觉风正在穿过我的身体，把那种熟悉的感觉和记忆一点点唤醒，一种得偿所愿的欣喜逐渐弥漫我的全身，如同水迅速浸透一块干燥的海绵。

　　天气很好，海面上很平静，天空只有一点点云，太阳火辣辣炙烤着甲板，所以下午大家都在舱内休息，甲板上基本上看不到人影。晚饭后走到后甲板上，发现今天有很美的晚霞。太阳已经落下地平线，大片橘红色的光从海天相接处撒向整个天幕，从海面往高处一点点淡下去，海平面下面有云，因此这光幕不是完整的，而是变化的，形成宽窄不一的光柱，如同舞台上的聚光灯，在一天的大戏即将落幕之即，照向舞台上的主角。此时白天的主角太阳已经退场，新的主角——月亮正姗姗登上舞台的中央，只是她初次登台，尚有些着答答的模样，一弯新月好像生怕引人注意似的——只淡淡的一弯，俏立在天幕的一侧，若不注意，很容易忽视它的存在。但它娇美的模样，几乎是世界上美与纯粹的极致了。

到达第一个作业站位，调查船需要航行一天时间。晚上，首席与船上调查队员开例会，介绍了本航段的主要任务，特别强调因为整个航次为共享航次，所以需要大家对于各项调查任务都能从自己专业的角度出发积极参与，加强各学科交叉与交流，以助于海洋调查能有新的突破、新的发现，以使大家在交流与合作中得到更大的提高，有更多的收获，这也是航次"共享"的真正意义与最终目的。

南海秋天天气相对比较平稳，夏天的台风季已经过去，秋冬季的土台风还没来，暴躁的冬季风还在来的路上，作业海区基本没有大风大浪的天气，因此调查作业按计划顺利进行。前两天主要是潜标作业，历经十几年的发展，学校的潜标研发与作业已形成了一套成熟规范的作业流程，因此无论布放与回收都非常顺利；完成了数套潜标作业以后，调查队又开始进行连续站与精细化调查的连续作业，紧张、忙碌而有秩序。作业的辛苦也是显而易见的，南海纬度比较低，白天室外温度30摄氏度左右，加上近乎直射的阳光和潮湿，甲板作业对任何人都是一种"烤"验，而海风与偶尔下起的急雨，会带来难得的清凉。

早晨，起床看日出。东方海平面上一圈如花环般的云朵从云峰的顶端次第亮起来，染上颜色，太阳也一点点升出海面，但只在云的缝隙里透出一点，等到钻出云层，已经明晃晃不堪直视。刚准备回舱，突然发现太阳右侧一大团积云不知不觉间已经异峰突起，长成一座大山的模样，其他的云团都已在太阳照耀下白得耀眼，唯有这一团底部越来越黑，远处已经有雨幡飘洒下来，而且这雨云迅速往我们头顶弥漫过来，根据经验，雨后大概率会有彩虹出现。我快速返回住舱取来设备，做好了一切准备。果然一阵急雨过后，在船尾方向出现了完美的彩虹桥，两端接触到海面，一个优美的弧状霓虹高悬于调查船正上方的天空，美轮美奂，是梦幻中也不曾出现的壮美、优美，如同一个奇迹，瞬间，整个世界因为这个奇迹都美好起来！

　　上午，在驾驶台与实验室的李老师闲聊，说起以前曾一起出海的一些老船员相继退休。其中一位姓张，瘦瘦的，喜欢跟大家开玩笑。我虽然与他很熟悉，但一直是客气而恭敬的。在我的印象里张师傅抽烟特别猛，喜欢喝浓茶，黑黑瘦瘦的脸，微眯的双眼，平时总带着甲板部的船员在船上清扫卫生，给甲板敲锈，为各种设备刷漆、打油等做各种常规保养。敲锈的时候，要蹲在滚烫的甲板上用锤头一点点去敲，为了防止飞起的碎屑伤人，干活时要戴上口罩、护目镜，在高处还要戴上安全帽，把头部包裹得和粽子一般密不透气，在热带的海洋上这样全副武装，上蒸下烤，中间还不透气，那种滋味肯定不好受。即便这样也难免意外，有一次他被敲下的油漆片划伤了眼角，船上大夫给他做了包扎，用绷带斜着将受伤的眼睛包了起来，结果成了一副"海盗"模样，滑稽而有趣，又有些让人心疼。而他不以为意，在船上向大家展示他的新面具。还有一次大夫给他打吊瓶，他嫌在屋里闷，举着吊瓶在室外吹风，也是一副让人忍俊不禁的样子。

　　老船员们大多常年出海，早已经习惯了船上的生活，一旦退休在家，又没有多少业余爱好可以打发时间，在船上简单、忙碌的生活与陆地上繁杂而单调的日子之间就会形成一个难以逾越的鸿沟，如果不能跨越，找不到陆地生活的依托，精神上的支柱没有了，人就会以肉眼可见的速度衰老下去，习惯的生活状态的急速转换给人身体和精神上所造成的冲击也是有科学上的实证的。我在"东方红 3"船宽敞、明亮的餐厅里回忆起曾一起乘"东方红2"船出海的同伴，算是一种纪念吧！

海上运动会

海风

　　海洋调查船上空间有限，所以在船上想要活动一下筋骨受到很多客观条件的限制。"东方红 2"船的四层甲板绕船一周贯通，在海况好的时候可以"shipwalk"。而"东方红 3"船的前后主走廊在船的中部，想要"健步行"是不可能的。好在"东方红 3"船在设计之初就考虑了出海期间体育锻炼的需求，在负一层设置了乒乓球室，在二层靠近后甲板的地方安排了健身房，里面跑步机、划船机等各种健身器材一应俱全，成了很多人出海期间最喜爱的去处。

　　健身房里不仅设施齐全，而且整整一面墙的大落地窗，无敌的奢华海景想低调都不可能。海洋调查船与其他种类船舶的建造一样，必须符合一系列严格苛刻的标准，像这种大落地窗的设计对船身结构强度和安全都是极大的考验，因此实现起来难度很大。但"东方红 3"船作为一艘兼顾教学实习和海洋科考功能的先进调查船，设计载员 110 人，在很多教学实习和综合性调查航次中，几乎是满员出海。这么多人长时间在海上生活，如何兼顾船的功能性和生活的舒适性，一直是船舶设计、建造面临的重要挑战。因此在整个建造过程中，学校发挥海洋调查船几十年管理运行积累的经验和智慧，深度参与到造船全过程，不仅提要求，也出方案，很多设计既要满足船身结构的要求，又要尽量人性化，满足舒适性。历经数年攻关、苦战，最终建成了有着一所百年海洋大学深深烙印的"东方红 3"船，船上的人性化设计比比皆是，健身房的落地窗就是其一。想想看，当你挥汗如雨锻炼时，在一个封闭沉闷的狭小空间，与在一个宽敞明亮、有着 180 度海景的房间里相比，运动的乐趣绝对有着天壤之别。

　　因此，出海期间，健身房成了船上人气最高的房间，男士可以在这里跑步、"撸铁"，女士可以在这里练瑜伽，一边锻炼，一边看着窗外一望无际大海上，云飞云起、浩海澄碧，偶尔有海鸟在窗前滑翔，近在咫尺，似乎触手可及，可能就在某一个瞬间，让人忘了出海所有的单调和工作的辛苦，而变得心情愉快，甚至由此爱上这艘船、爱上那片海、爱上一段航程……

　　除了健身房，"东方红 3"船前甲板也非常宽敞，海况好的时候可以在上面活动。2019 年秋天，在执行完西北太平洋航次调查任务返航途中，大家在前甲

海上拔河

板组织了"'东方红3'船第一届太平洋运动会"。名字简单粗暴，但充满豪气。运动员分成四个队，分别是甲板队、实验室队、事务部队和机舱队，不值班的船员全体参加。团队项目有拔河，个人项目是跳绳，还有两个娱乐项目。最热闹的是拔河，原本我以为这种活动基本上是活跃船上的气氛表演赛，但现场的激烈程度不亚于在陆上的比赛，实在有些出乎我的意料。各个队赛前都摩拳擦掌，志在必得。比赛开始后紧张刺激，但船的晃动加上队员用力不齐，有的队伍看上去兵强马壮，可哨声一起，整个队伍立刻神龙摆尾，以至于最后的队员连晃带笑、连滚带爬，很快胜负已分，参赛双方自然是笑到捧腹，周围的观众也被这场面逗得乐不可支。拔河结束后还有跳绳比赛，每个运动员以个人成绩记入团队总分，最后分出名次。运动会结束后，船上为胜利的队伍准备了香槟酒，船员们举着四处喷洒……此时，风声、涛声、欢呼声交织在一起，此起彼伏，整个现场成了欢乐的"海洋"。

颁奖后，所有的船员和调查队员会餐，有酒水供应，虽然限量，但饮者都知道酒不在多少，在于饮酒的气氛，所谓酒不醉人人自醉，又是一场热闹。过去这么久，好多事情早已忘却，但运动会的场景与欢乐，却仍历历在目，恍如昨日。

2019 年秋,"东方红 3"船第一届太平洋运动会组图

1

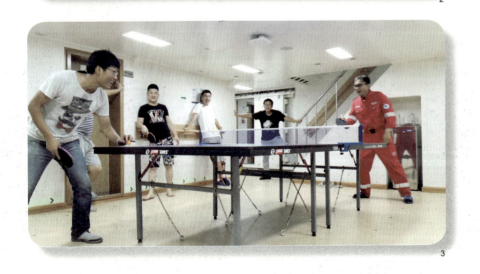

2

3

1　海上放风筝

2　健身房锻炼

3　乒乓球对抗

事务部人员在厨房帮厨

"东方红" 味道

海风

　　我一直认为，除了安全，"吃"是调查船出海前要考虑的首要问题。因为在长时间的出海调查期间，能不能让大家吃好，是保证出海任务圆满完成的基础性关键因素，毕竟，再宏大的事业，多么美好的诗与远方，人要是饿着肚子，一切都只是泡影。"东方红 3"是 5000 吨级新型深远海综合科考实习船，其所承担的大多是深远海综合性调查项目，每个航次少则一个月，长则接近两个月，而其设计自持力极限是 60 天，虽然理论上说可以不经补给完成大多数长航次，但鉴于航次时间太长会直接影响到船上的生活质量，所以很多大航次一般会提前规划，中间靠港一次进行补给，以保证不耐储存的蔬菜、水果等食材的供应。

　　从"东方红 2"到"东方红 3"，我断断续续出海前后有十多年，加上自己是一个对吃比较讲究的人，对于船上伙食的变化是有发言权的。现在船上的饮食已经不是用一个简单的好可以概括的了，而是可以称得上有些"奢侈"了，品种的增加、花样的变化乃至一些印象中高端食材的加入，都使得在船上吃饭成为一种享受。但我要说的并不是这些，因为饮食质量的变化，有时候仅靠增加投入就可以完成，简而言之，只要舍得花钱，在这个物质丰富的年代，有什么还吃不到呢？问题的根本在于，有时候仅仅投入金钱，并不能让在一个狭窄空间里的一日三餐令人印象深刻。因为在我看来，船上的饮食不仅仅有填饱肚子的功能，在满足人的基本需求之外，还有一定的精神上或者说心理上的激励甚至是疗愈作用，而这就不是仅仅靠物质投入可以解决的问题了。精神上或者心理上的功能，需要用"心"去解决，而真正让我深有感触的，恰恰是船上对一餐一饭的用心。如果你在船上注意观察，就会发现除了精美的食物之外，有不少这样的细节让人感动。

2016 年，我跟随"东方红 2"船赴印度洋，在船上过了一个生日。当时厨房为我准备了一碗堪称豪华的生日面，让年已不惑，几至油盐不进的自己颇为感动，还以为这是对我这个老出海人的特别优待，吃的时候还有几分惴惴。后来我才知道生日面已是"东方红 3"船上的标配。航次开始之前拿到出海人员名单，管事会细心地找出在出海期间过生日的人，然后到了日子不声不响地奉上一碗生日面，让人在惊喜之余很难不心生感动。前几天参加研究生认知实习，在船上时间不到两天一夜，恰好有一个学生在第二天过生日，也让我见识了"东方红 3"船是如何靠实力宠人的：生日面早已升级为船上新鲜制作的大号生日蛋糕，大到足够所有出海队员每人一块，让这么多人见证生日，唱起生日快乐歌，那一个瞬间，我作为旁观者都激动不已。我想这个特殊的生日好比一粒种子，当祝福声起的时候已经深深种在了这个过生日的学生的心中，一起种下的还有他对这个时刻、对"东方红 3"船的美好记忆。等这粒种子生根发芽，无论他将来会在哪里，过什么样的生活，这个时刻会一直在他的回忆里熠熠生辉。

除了过生日的惊喜，还有下午茶的精致。为了给大家一个互相交流的空间和环境，船上每天固定的时间都会安排下午茶，提供各种饮料、酸奶和小吃。在这个时候，没有工作安排的人都会聚集在餐厅，放下手机，关了电脑，聊生活、谈学术，或者只是天南地北地闲聊，气氛轻松惬意，深得大家的喜欢。不要以为下午茶提供的只是瓶装饮料、酸奶和成品的点心，从航次的备航开始就要把一切考虑周全，费心劳力是显而易见的。出海期间，本来下午这段时间在午餐和晚餐中间，正是事务部比较轻松的时候，现在又安排了下午茶，从准备到结束一个小时左右，自然是不能得闲的。等到收拾完毕，就很快又到晚餐的时间了，所以事务部总是在忙碌。

如果说下午茶是增项，那半夜的夜宵则是传统。以前很多出海的老师、学生，提起船上的生活，念念不忘的都有半夜 11 点的那一碗炝锅面，"东方红 2"船是这样，到了"东方红 3"船依然保留着这个传统。这是因为海上实习和科考期间，除了赶路或者避风，其他时间基本都是 24 小时作业，除了调查队员，还有值夜班的船员，到了半夜，都需要吃点东西，否则不仅下半夜会很难熬，时间长了还会伤及肠胃。但因为已到半夜，又不能吃太多不好消化的东西，所以热乎乎的一碗面条是最合适的。每到晚上 10 点多，如果你站在舱外，远远能看到厨房窗户有蒸气冒出，那是厨师在煮面。如果在下风向或者经过厨房，还会嗅到一股葱花炝锅的浓郁香气，经常让将要睡觉的人也马上睡意全消，因为那一阵香气不仅仅意味着一碗美味可口的面条，对于每一位长时间漂泊在外的人而言，在音信难通的茫茫大海之上，还意味着家的气息与味道，一口下肚，足慰人心！

说起船上的传统菜式，有一样不得不提：鲜拌鱿鱼。最初这属于"民间版"美食，但据说现在有了"官方版"新花样。我是不太喜欢热闹的，晚上捞鱿鱼是船上为数不多的比较热闹的时候，最多我在旁边看一看，转一圈就回屋了。有好几次我都准备睡觉了，有人敲门，送来半只拌好的鱿鱼，盛情难却，只好收下。这东西不能放，要尽快吃掉，而吃鱿鱼不就酒感觉就少了灵魂，所以几口酒下肚，原本昏昏欲睡的我立刻回魂，再想睡觉估计就要后半夜了。拌鱿鱼以白白嫩嫩的小鱿鱼为佳，巴掌大小，二三两一只，热水一烫，凉水一过，加入少许陈醋香葱，半勺辣酱，是极鲜的美味。稍大些的鱿鱼，半斤以上皮肤开始变红那种，烫烫吃也可以，但够鲜不够嫩，需要好牙口。再大一些的，基本就只能炖着吃了。人各有所好，钓鱿鱼这事儿，有人喜欢钓不喜欢吃，要的只是收获的成就感；有人不会钓或者懒得钓但喜欢吃，于是各取所需，皆大欢喜。经常会有前面的人在钓、中间的人在加工、屋里的人在吃的场景。当然加工之前要说一句"拿走了啊"象征性征求一下意见；吃完的人抹一下嘴也礼貌性地问一句"这谁钓的"以示饮水思源。鱿鱼的另外一种吃法是烤着吃，这在以前是难以实现的。"东方红 3"船后甲板宽敞，航次结束后，后面堆的各种设备、潜标重力锚下海的下海、入舱的入舱，地方腾出来了，就可以搞各种活动，比如烧烤晚会。

"东方红 3"船上烧烤聚餐我是听说的，尚没有机会亲身体验。海况比较好的晚上，架上烧烤炉，不出片刻，青烟袅袅，香气四溢，大家因为任务完成，身心放松，又在回家的路上，所以情绪高涨，一边吃着烧烤，一边三五畅聊，不知不觉夜色已深。这时就有人拿出捞网钓钩开始捉起鱿鱼，一条上岸，立刻被处理干净后第一时间放上烤架，烤料一洒，片刻工夫无敌新鲜的烤鱿鱼出炉，相比于冷冻的食材无疑更受欢迎，很快被抢食一空。谁钓的不重要，被谁吃了也不重要，要的是这个气氛和感觉。估计鱿鱼如果有思想，无论如何也想不到前一会儿还在海里畅游，不过几分钟工夫就进了人的胃囊。有了鲜烤鱿鱼助兴，烧烤晚会往往又会进入一个小高潮。吃饱喝足，大家围着"篝火"伴着音乐跳起舞唱着歌，唱功和舞姿不重要，吹着海风，听着海浪轻抚船舷，如果是我，乐而忘归是肯定的了。即便不喝酒，在这种氛围下，恐怕也会微醺的吧。

在中国人的语境里，"味道"一词的语义是丰富的，可以用来描述一道菜肴、一段文字、一首乐曲、一件老物件，甚至一个人、一件事，但大致指向两个方向：一是感官体验，一是心理感受。从结构上来说，"味道"似乎可以解释为"其味有道"或者"其味之道"，而所谓"道"，即是说无论客观之事与物带给我们的是感官体验或是心理感受，总有某种缘由或者内在逻辑。我在船上生活的时间前后加起来超过一年了，最长的时候一个航次超过两个月，有些感受与常年在船的船员不能比，但相较于短暂停留的人会更深，也更有说服力。显而易见的，船上的条件越来越好，最直接的表现就是伙食越来越丰富，标准越来越高。但归根到底，随着大家生活水平的提高，"东方红 3"船上现在准备的很多食材，人们在日常也经常可以见到、吃到。真正使船上的一餐一饭让人印象深刻并回味难忘的，其实不在其"味"，而在其"道"。美味之"道"在于"调"，"调"意为"调和""调制"，除了食材与用料之外，调什么、怎么调都需要有智慧与心意。因此，这个"道"不仅仅在于各种烹饪的方法与技术，更在于船上的环境气氛、人与人之间的至真至诚，当然更有船上从船长、厨师到水手，每一位员工对这艘船以及上船的每一位老师、同学发自内心的"用情用心"：由"味"而生的感官体验会很快散去以至遗忘；循"道"而来的心理感受和精神愉悦，才是真正久久不散、浸入灵魂的"东方红"记忆。

说了这么多，才发现提及的都是零食、小吃，至于正餐，就卖个关子，还是等大家有机会去船上亲自品尝和感受有味、有心、有情的"东方红"味道吧。更何况，只要用心，这船上生活的醇厚本味，又岂仅仅在一日三餐呢？

1

2

1 出航前补充物资
2 海上"生日会"

1　难忘的生日

2　海上烧烤晚会

3　"东方红 3"船上的部分美食

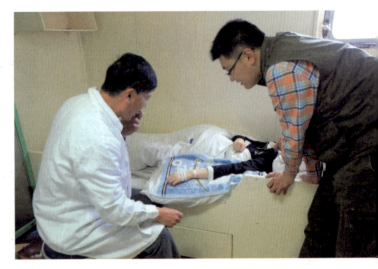

船医为调查队员检查身体

第一次打吊瓶

海风

　　说出来可能很多人不会相信，在我的前半生只打过一次吊瓶，而且是在船上。

　　人吃五谷，难免生病。在陆地好说，无非就是请个假去一趟医院的事儿，即便不用去医院，各种社区诊所、中西药房遍地都是，总不至于误了病情，更何况家人都在身边，心理上也有所寄托，但在船上就是另外一番情况。远海调查时间长、任务重，加上生活节奏与习惯的改变，除了晕船之外，会有大大小小各种健康问题的出现，所以调查船上配随船医生是非常重要的。

　　与我相熟的人都知道我牙口不好，贝齿零落到惨不忍睹，即便仅剩的几颗，也经常会以疼痛的方式来证明它们的存在与即将别离，所以各种牙疼的滋味我是尝够了的。有一年去南海，白天室外热到发飙，室内空调凉到发抖，来回折腾加上劳累，半夜我开始牙疼。从小到大到半老，我在家里日常有恙都是吃药，从没打过吊瓶，所以出海前也担心牙疼再犯，就自带了平时比较有效的口服药。但这一次吃了药，一夜过后没有丝毫效果，别说吃东西了，呼吸都疼。第二天实在忍不住，去找大夫，简单询问过病情后，大夫就开了吊瓶开始输液。然后我就在住舱躺在床上，在船的轻摇慢晃中看着输液管里药液一滴滴落下，进入我的体内，慢慢感受着疼痛如退潮的海水，渐渐离我而去，就这样我在船上打了人生的第一个吊瓶。

　　船医都是全科医生，日常病患都可以处理，处理不了的话需要他给出建议：临时靠港或者呼叫紧急救援。给我打吊瓶的医生姓郭，是位老先生，面色红润，精神矍铄。当年一起出海的时候他好像已年过七旬，但没有半点儿老态。他平时的工作一是保持全船卫生，重点区域定时消杀；二是帮助那些晕船比较严重的人员渡过难关。有些出海人员因为晕船而长时间水米不进，加上远离家人亲友，身体和精神的双重折磨可能会很快击垮一个人，为了避免更严重的情况出现，就需要医生及时介入。还有一次，一位队员出现腹泻，随即就有各种传言，有说饮食问题的，更有甚者担心是传染病。后来经过郭大夫的分析判断，仅是因个人体质问题出现的特例，并及时召开全船会议通报情况，同时讲解了预防此类事件个人需要注意的问题，"危机"得到了很好的处理。在船上我和郭大夫经常做邻居。闲暇时，郭大夫特别喜欢钓鱼，有鱿鱼会找我一起分享；有时候他还自己包饺子，也会把我叫去，小酌一番，也算忘年交了。后来几年没出海，等上了"东方红3"船，船医换了朱大夫。

"东方红3"船的医疗条件相比以前也大为改善。2019年，同事头顶鼓了一个包，赶上科考试航没来得及处理，出海期间由朱大夫主刀给他做了一个小手术，算是船上手术室正式开诊，我和他开玩笑说挨了"东方红3"的"第一刀"。后来隔几天换一次药，朱大夫每次都处理得很仔细，到航次结束基本好了，也没有影响工作。平时也经常听船上其他老师讲在一些航次中发生的事情：突发的意外伤害、急性发作又比较严重的病情等，这时需要船医现场处理、诊断并辅助决策，因为可能是性命攸关的大事，所以船医面临的挑战和压力可以想见。还有一位一起出过海的大夫，姓张，名字我忘记了。不上船的时候我与这几位大夫都没什么交集，所有的印象都是一起出海时留下的，相比于船上其他部门和工作人员，了解不算很多。但就是这同船之交，一碗饺子、一杯清茶，简单又纯粹，让人难忘。

与船医一样，船上很多人的工作对于出海的科考队员来讲大多是陌生的，平时你甚至不会注意到他们。但正是他们日复一日，在自己的岗位上各司其职又相互配合，使整个团队成为一个特别团结、特别有战斗力的集体，这是三代"东方红"船最宝贵的财富与不竭的力量之源。有实习的同学说船医的主要工作是帮厨，这明显是一个认识的误区。很多事情别人在做只是我们未见，每个人都是一个世界，其中的细节旁人能看到的万不存一。退一步讲，医者仁心，作为从医者可能真希望自己闲下来，那说明大家都身体康健，欣欣且努力地奔向自己的梦想和未来去。如若真能如此，不是一件皆大欢喜的事情吗？

出海之"乐"

海风

在很多人眼里，出海的生活会因为陌生而带上一层神秘甚至浪漫的色彩。但实际上，茫茫大海，横无际涯，人真正到了海上，最强烈的感受可能是寂寞。

2013 年在南海，有几天天气与海况很差。虽然我不晕船，但船晃得厉害，晚上很难睡好。人在窄窄的床上颠来倒去，一会儿左右摇晃如钟摆，一会儿头上脚下如倒悬，没有片刻安稳，即使小睡一会儿，也很快在朦胧中被摇醒，再也难以入睡。大海似乎在和人们游戏，就让你在半梦半醒之间游移不定，陪着它在夜里一起躁动不安。

与我同住在四层后舱的有三个人，其中两个是船上实验室的小伙子，一个热闹得几乎无片刻安稳，另一个则安静许多。偶尔与后者聊天，知他与我情况相仿，都是家有小女，而自己常常身在海上无法顾及，有些牵挂，有些苦闷，闲时只能关起门来写写钢笔字聊以排遣。一天上午，突然听到走廊里传出一阵琴声，时有时无，断断续续，循声找去，原来那个热闹的朋友一反常态，静静地坐在房里，弹着一把电吉他，声音从一只桌面音箱里传出来，音质不太好，有些嘶哑，但旋律大致不差。我静静听了一会儿，正要离去，他突然停下来，抬起头看着我，似乎有些羞涩地说："不好意思，就会弹这几首。"我报之以微笑。刚回到房间，一阵极有穿透力的嘶吼传来，声音大到盖过了发动机的隆隆声，一时有些恍惚，不知道刚才的安静与现在的躁动哪一个更真实。

出海日久，相比工作上的辛苦与疲累，如何克服船上生活的单调与枯燥更考验人。习惯了陆地快节奏的现代生活，上了船以后，周围仿佛一下子都空了、静了，工作之余经常有大把大把的时间不知如何打发，舱外溜达一趟不过百余米，除了海还是海，舱内绕室一圈仅三五步，除了墙还是墙，如果不能学会自我调适，船上的生活有时候还是挺磨人的。

转眼十年。

再上船，已经是"东方红 3"船。当年实验室的小伙子估计年已不惑，女儿应该上中学了。再见到他们，安静的依旧安静，热闹的一如既往，熟悉的感觉恍如昨日。习惯了出海的人，打发时间的方式各有不同，读书、听音乐、看电影，

海上生活组图

因人而异。至于集体活动，"东方红2"船到了晚上会在餐厅放电影，切磋牌技也必不可少。到了"东方红3"船，因为住舱都有电视，所以集中看电影就取消了，打牌活动依然保留，只是好多老同志都已退休，人已经换了一茬。船上的牌局相对比较稳定，哪几位组局，谁和谁配合，互相熟悉牌路的人往往经常搭伙。但这样队友之间仅仅一个眼神就能互通信息，打起来往往无风无雨、知根知底，少了乐趣，反倒是那些不常配合的在一起，因为出牌不如队友的意而吵得面红耳赤的情形好玩儿得多，这时候一定要有看客跟着起哄加料才算圆满，所谓看热闹不嫌事儿大大约如此。偶尔也有牌风变化多端、发挥不够稳定的"游离态"，上一局队友、下一局变对手也是常事儿。我是一个绝对的"牌盲"，各种技巧、术语于我近乎玄学，但因为比较喜欢牌桌上那种欢乐的气氛，所以经常旁观，虽然根本看不懂，但看别人打牌也极为有趣。不过不能久看，如同一个不嗜辛辣的人吃川菜，浅尝即可，吃多了会受不了。与自发的纯粹休闲相比，有组织的娱乐活动也越来越多，比如举办知识竞赛，寓教于乐，参与者均可获得具有"东方红3"船特色的纪念品，颇受大家欢迎。

以上都是休闲娱乐之"乐"。除此之外，海上生活中的很多乐趣需要慢慢去捕捉、感受与体会，比如天气、海况好的时候可以站在船舷边儿看看无敌海景，海天一色的壮阔可以让人心生浩荡之气；日出日落时美丽但短暂的霞光会让人明白生活中的美好转瞬即逝，应当学会珍惜；出海期间同伴的相互陪伴、支持与鼓励会帮助自己克服困难，感受团队的力量与友情的温暖。当然，还有一种"乐趣"不得不提，那就是在科学研究的"海洋"去勇敢探索未知的乐趣：在陌生的海区获取研究样本、取得第一手观测数据、第一次发现某种现象等。所以，就如热爱生活的人总能感受到身边细微的幸福一样，在有志于投身海洋探索的人那里，哪怕一点点收获都是他们快乐的源泉。

一句话，出海之"乐"，乐在其中，只要你能静下心来，去感受它、体验它、欣赏它！

海上生活组图

团队

海风

战国时期思想家、哲学家庄子在其《庄子·秋水篇》中有云:"天下之水,莫大于海。万川归之,不知何时止而不盈。"以形容大海的浩瀚与广博。现代人对海洋的认识较之古人已经不能同日而语,但只有真正到了无边无垠的大海之中、大洋之上,才能对自然面前人力之渺小有更直观、更深刻的认识。所以,从古代中国航海家率船队下西洋,到现代人类借助科技力量和手段探索海洋奥秘,都离不开团队的力量。

海洋调查是以特种船舶为平台,以船载各种海洋仪器装备为手段,对发生在海洋这一巨大水体中的各种现象进行了解和认识的过程,这个工作需要船员和调查队两支队伍的紧密配合才能完成。对于船员队伍来说,根据工作性质不同会有分工,但日常工作往往是环环相扣,所以不同工作岗位之间的相互协作是非常关键的。2023 年秋,"东方红 3"船在南海执行调查任务,一项重要内容是水体调查,需要采集各个站位、不同深度的水样。在深海,采集一次全水深水样作业时间一般都要好几个小时,在这个过程中调查船和采水器随涌浪和海流不断运动,导致采水器不同深度的钢缆受力不均,出现打结、破损,严重时甚至断裂。而采水器加上挂载的设备总价值数百万,一旦钢缆断裂,会造成非常大的经济损失,同时会严重影响航次任务的执行。有一天,到站时是下午,等到采水器快上升到水面时已经是晚上。这时现场实验室工作人员突然发现,有一段钢缆打结严重,几乎拧成了一个麻花,采水器不能正常回收。这时每个采水瓶都装满海水,重量增加很多,受到涌浪的影响在海面上下起伏,多停留一秒就多一分危险。发现问题后,现场人员紧急叫停作业,向船长汇报情况并紧急商讨抢险方案。很快,船上各个部门的工作人员都来到现场,在船长的统一指挥下,确定了放掉水样,在钢缆外加装保护绳具,然后用手拉葫芦回收采水器的工作方案。由于此时海面上一片漆黑,海况较差,现场抢险也是一波三折,险象环生。好在最终在大家的共同努力下,采水器被安全回收。然后由实验室工作人员第一时间切掉钢缆打结部分,然后重新连续采水器,使后续工作得以顺利进行。

"东方红 3"船船员队伍分甲板部、机舱、实验室和事务部 4 个部门。在处理一些急、难、险、重任务，特别是应对突然险情的时候，必须不分岗位、全员上阵，发挥集体智慧和团队优势，共克难关。这是一套行之有效的工作机制，也是一代代"东方红"人的优良传统。

2013年，"东方红2"船在西太平洋执行任务。在一次完成浮标布放任务后，天色已晚，调查船马上就要开船赶往下一个站位。刚完成作业的一位年轻水手照例在后甲板巡视，突然发现由于最后现场光线太暗影响观察，浮标的重力锚锚链卡在了船尾一处缝隙里，没有顺利下放，即将开动的调查船紧急停船。如果没有及时发现这个险情，可能会导致两个严重的后果，一是船开动以后会拖着浮标离开预定的布放位置，致使任务失败，需要重新布放；第二种情况更危险，浮标的重力锚在水里被船拖着，如果锚链在水流的作用下缠到螺旋桨上，很有可能会造成螺旋桨损坏，调查船失去动力。发现险情以后，船上不值班的船员都赶到现场，与调查队一起，在船长与首席的统一调度和安排下，先后尝试了好几种办法，最后采取了"串接"的办法，在锚链被卡部位上下连接保护绳，然后用工具将锚链从缝隙里拉出来，才化解了险情。排险结束时夜色已深，好多人都没来得及吃晚饭，但能顺利解决问题，在场的所有人都松了一口气。在当时的情况下，由于重力锚重一两吨，不管是采用什么样的方案，既要保证妥当处置险情，使浮标顺利布放，又要确保现场所有作业人员的安全无虞，只能依靠集体力量和团队合作。

团队的力量，源自团队里每个人的力量。只有个人的力量都很好地发挥应有的作用，整个团队才有凝聚力、号召力，才有战斗力。因此，从"东方红"到"东方红2"，再到"东方红3"，一代代"东方红"人之所以能"不畏艰险，敢为人先"，是因为这个团队中的每一位成员，都是团队的缩影，身上都打着"东方红"科考精神的烙印：他是"东方红"船上因为出海不能到车站接探亲的妻儿的老船员；是"东方红2"船上长年在外、不能为家人分忧的年轻水手；是"东方红3"船出海前把妻子送到医院、把孩子送去考场的丈夫和父亲；是因为执行任务不能在父母身边尽孝的儿子……每一个人，都是"东方红"系列调查船耕海近六十载，执行数百个航次、航行近百万海里坚守初心、向海而歌的坚强脊梁！

任务就是命令，汽笛就是号角，建设海洋强国，他们身上肩负的是海洋人的使命、中国海大人的责任和"东方红"人的担当！

他们，必将勇毅前行，不负所托！

"东方红"海洋实习调查船

"东方红 2"海洋综合科考实习船

"东方红 3"新型深远海综合科学考察实习船

三代"东方红"船（数字合成图）

三代"东方红"船，诞生于不同历史时期，是中国海洋科考船发展的缩影和见证，是中国海大人的骄傲！

　　三代"东方红"船，经近 60 年风雨航程，形成了独具特色的"东方红"文化和精神，是中国海大人的特质！

　　三代"东方红"船，作为海上流动实验室和海洋科考平台，为国家海洋人才培养和海洋科考事业作出重要贡献，是中国海洋大学谋海济国的重要载体和历史见证，是中国海大人的荣光！

后记
Postscript

　　1997 年，也就是"东方红 2"船交船后的第二年，我毕业参加工作来到当时的青岛海洋大学，在整理档案的时候，接触到有关"东方红"船和"东方红 2"船的图片资料。那时我和很多人一样，对海洋调查船没有明确的概念，对海洋调查也是所知了了，除了感觉出海有一些神秘和浪漫让人向往之外，没有更多理性的认识。

　　2012 年，因为工作需要，我参加了一个海洋调查的专项，开始跟着出海，任务是拍摄和采集海洋调查期间的影像资料。直到 2016 年，总计出海时间接近一年。虽然与长年出海的调查船船员和很多海洋科研工作者相比不算多，但这个过程，足以让我相对全面地感受和体验到真实的出海生活，最初的神秘面纱被揭开，浪漫的色彩逐渐褪去，取而代之的是海上生活的辛苦、危险与单调、枯燥，但同时我也看到了船员和调查队员们的执着与坚守、乐观与坚强，看到了海上生活的真实与快乐、丰富与充实。2018 年起，我跟拍记录"东方红 3"船的建造进展，开始了解一艘科考船如何从一纸蓝图一天天走向现实，一块块冰冷的钢板怎样一点点打上中国海大的烙印，最终成为具有海大特质、海大精神的国之重器。从那时起，我萌生了一个想法，要把这些年搜集整理和拍摄的科考船图片做一个系统的梳理，出一个集子，让人能够通过这个集子，了解"东方红"系列科考船，了解海洋调查，并从一个侧面了解建校百年的中国海洋大学，这是非常有意义的。

编　者

2024 年 5 月